东京站前居酒屋名店探访

[日] KUNIROKU 小关敦之 浜田信郎 藤原法仁 著
黄晔 译

北京出版集团公司
北京美术摄影出版社

前言

要说东京的好酒之人，那可真是太有福气了。这里的公交系统几乎网罗了市内所有的区域，无论是巴士还是电车，几分钟就有一趟，末班车运营到很晚，首班车又始发得特别早。至于酒馆，那更是从早开到晚，甚至还有24小时营业的。所以，只要身处东京，不管在什么地方、什么时间，绝对不会有人因找不到地方喝酒而犯愁。而且，在各条公交线路的各个站点附近都不乏知名酒馆，这种景象应该也是东京这座超级都市的一大特点。这些酒馆有的是老字号，有的是立饮店，提供的菜品更是有西餐、内脏烧烤、私房菜等，包罗万象，每家店都有自己鲜明的特色。

本书介绍了诸多距离市内各站点步行五分钟以内即可到达的站前居酒屋。当然，由于受到篇幅的限制，书中无法涉及市内全部站点，因此本书将视线主要集中在了山手线[1]全线，以及最近因天空树（东京晴空塔）而人气暴涨的下町[2]区域。

这里值得一提的是我们强大的写作团队。在本书中为我们推介酒馆的三位大咖分别是：因网站"迷醉吧，下町"而广为人知的藤原法仁、"KUNIROKU 东京食记"中的KUNIROKU，以及"吃遍筑地"的筑地美食王小关敦之。藤原法仁在设立"迷醉吧，下町"之初就把聚光灯朝向了下町，一直以来都在向大家介绍下町的知名酒馆。经他的网站推广，原本只有当地

---

[1]山手线：由东日本旅客铁道经营。整条运行轨道呈环状，环绕东京都心运行。
[2]下町：城市中相对地势较低的地方，商业手工业者的聚集地。在东京主要指东京湾一侧的下谷、浅草、神田、日本桥、深川等区域。

人才熟知的酒馆，一下子吸引了大批好酒之人慕名而来。在本书中，藤原法仁不仅用他与众不同的方式向我们展示了下町酒馆的风情，而且还撰写了有趣的专栏，探究麦芽酒、厚士忌、紫苏梅酒等奇特的下町饮品，以及多种多样的居酒屋吧台。说起KUNIROKU，他不仅是个酒馆迷，而且还是大家都非常熟悉的美食博主。此外，他还参与了拉面博客的运作和酒吧推广博客的撰稿等，在与美食相关的诸多领域都非常活跃。在本书中，KUNIROKU为大家精心挑选的居酒屋当中还包括了入选米其林指南的名店，他独到的视角与大多数居酒屋博主稍有不同，非常新奇有趣。也正因为如此，本书中出现了不少以往居酒屋博客及书籍中未曾提到的店铺，一定会让大家感觉耳目一新。小关敦之最擅长的是对各个关键点做出精辟的总结，是出过好几本筑地美食书的筑地美食王。得益于这样强大的写作团队，我们才能成功摆脱以往的写作套路，从全新的视角创作出这本居酒屋指南。

　　住在东京的各位自不用说了，对于那些因工作或其他原因而来到东京的人而言，这本书一定会成为你在东京探访酒馆的最佳助手。请一定要带上它，像个老手一样去东京各处的居酒屋喝个痛快吧！

东京居酒屋名店探访导航员　浜田信郎

本书的使用方法

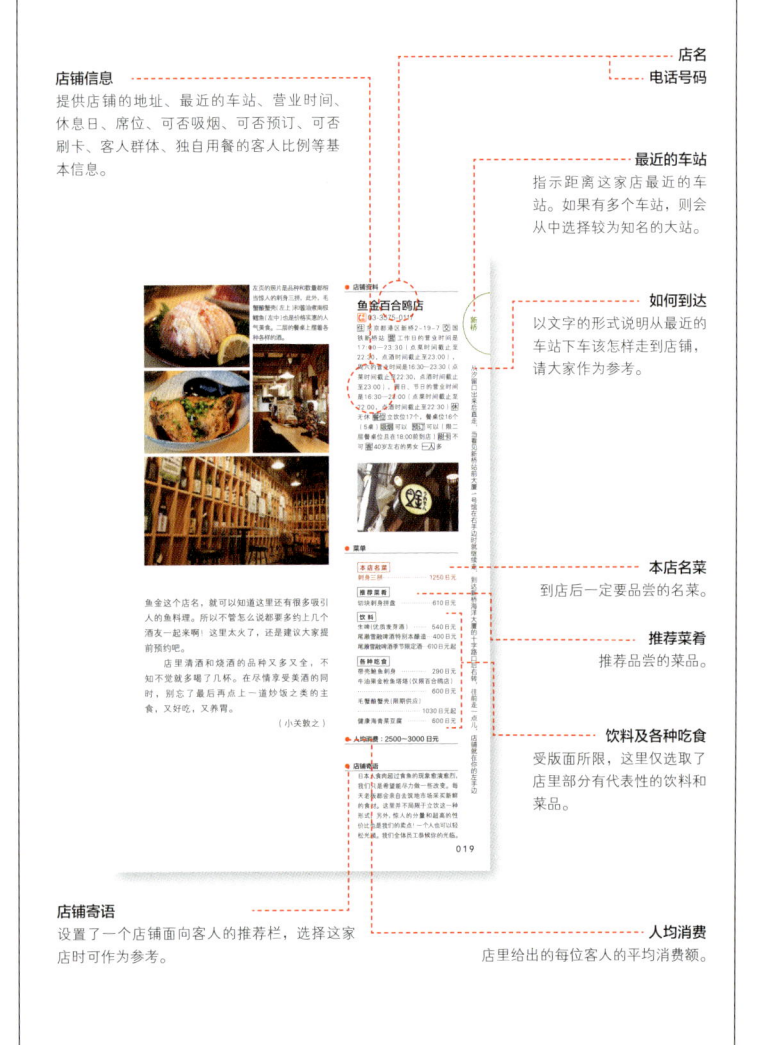

店铺信息
提供店铺的地址、最近的车站、营业时间、休息日、席位、可否吸烟、可否预订、可否刷卡、客人群体、独自用餐的客人比例等基本信息。

店名

电话号码

最近的车站
指示距离这家店最近的车站。如果有多个车站,则会从中选择较为知名的大站。

如何到达
以文字的形式说明从最近的车站下车该怎样走到店铺,请大家作为参考。

本店名菜
到店后一定要品尝的名菜。

推荐菜肴
推荐品尝的菜品。

饮料及各种吃食
受版面所限,这里仅选取了店里部分有代表性的饮料和菜品。

店铺寄语
设置了一个店铺面向客人的推荐栏,选择这家店时可作为参考。

人均消费
店里给出的每位客人的平均消费额。

- 本书插图系原书插图
- 商品的价格和店铺的信息可能会发生变化
- 书中的菜单只是店铺的部分菜单
- 书中英文店名、地名、商品名称原系原名或原名音译

目录

前言
本书的使用方法

● 山手线全线 篇

10	东京	三六　八重洲店
12	东京	barBAR 东京
14	有乐町	子日
16	有乐町	走运猪
18	新桥	鱼金百合鸥店
20	新桥	喜多八
22	浜松町	夏冬
24	田町	内田屋　西山福之助商店
26	品川	鸟照
28	大崎	天志乃
30	五反田	吉鸟

005

32	目黑	银角
34	惠比寿	TIO DANJO BAR
36	涩谷	GNSP
38	原宿	服部
40	代代木	志乃部
42	新宿	鹰酒吧
44	新大久保	莫莫
46	高田马场	真菜板
48	目白	寿美礼
50	池袋	福路酒馆
52	池袋	男体山
54	大塚	一口闷大
56	巢鸭	加濑政
58	驹込	立吞广
60	田端	古龙屋
62	西日暮里	军鸡吉
64	日暮里	千富士
66	莺谷	一张罗

68	上野	角藏
70	御徒町	青森汤岛
72	秋叶原	殿
74	神田	樽平
76	专栏 1　独一无二的醉心之地　东京稀释饮料的世界	

下町 篇

84	京成曳舟	三祐酒馆
86	平井	阿松
88	浅草桥	玉椿
90	本所吾妻桥	峰屋
92	森下	山登
94	町屋	大内
96	新小岩	阳喜多
98	田原町	一丁目一番地
100	浅草	木村
102	锦系町	井里

104	押上	稻垣　押上店
106	押上	醉香
108	锦系町	三四郎
110	住吉	卑下之平山
112	专栏2	在吧台快乐地饮酒　今夜只为与你相遇而来

● 山手线环内和其他区域 篇

120	东大前	吞喜
122	四谷三丁目	万屋托福
124	四谷三丁目	阿山
126	四谷三丁目	酒徒庵
128	江户川桥	椎名
130	成增	德兵卫
132	高圆寺	阿武

134　地图
151　索引

山手线全线 篇

在东京站地下街便可品尝到的美味烤猪杂

东京　　　　　三六　八重洲店
　　　　　　　三六　八重洲店

　　三六居酒屋位于东京站内的八重洲地下街，食客们不用出站就可以轻松到达这间烤猪杂店。漫步在地下街，大大的垂绳门帘进入了我们的视野。走进店内，左侧围着烧烤区域的是一圈吧台，右侧是餐桌位，下班后的年轻人聚集在此，显得热闹非凡。如果是一个人闲逛到这里，多半是找不到座位的。这时候你可以点上一杯喝的，在入口附近没有椅子的立饮席处边喝边等。从这边可以将餐厅内部看得一清二楚，当你刚觉得"就站在这儿吃也不错"的时候，店员就会把你领到吧台的座位上了。

　　店铺忙碌的景象令人叹为观止。"那个，拿给三号桌的客人！""七号桌的客人先上酒！""先给那边上哈！"店长忙得团团转，但对于每位客人的要求都谙熟于心，即使你坐在容易被忽视的角落也不例外，真没见过这么火爆的店。在外人看来如此忙乱的氛围之中，女店员却还可以边上菜，边和客人开心地聊上两句。也许

左页的照片是汤汁超赞、味道浓郁的红酱砂锅炖猪杂，也算得上是三六居酒屋的得意之作了。左侧中间的照片是火燎猪肝刺身，麻油让食材本身的味道得到了最大程度的释放。

● **店铺资料**

三六 八重洲店

☎ 03-3569-2911
住 东京都中央区八重洲2-1八重洲地下街中4号 交 东京站 营 11:00-22:30 休 无休 餐位 吧台位15个，餐桌位20个（8桌）包间1间（4个餐位）吸烟 可以 预订 可以 刷卡 可以 客 30～40岁的男女 一人 多

● **菜单**

本店名菜
红酱砂锅炖猪杂 …… 680日元

推荐菜肴
五串儿烤猪杂拼盘 …… 970日元

饮料
生啤（惠比寿） …… 590日元
麦芽酒 …… 490日元
加冰嗨棒 …… 490日元

各种吃食
火燎猪肝刺身 …… 500日元
上州猪舌刺身 …… 500日元
猪杂火锅 …… 1280日元

● **人均消费：3500日元**

● **店铺寄语**
我们店里只选用上州猪的猪杂，提供给客人的都是早上现杀取的新鲜食材，其中火燎猪肝刺身、猪舌刺身、猪大肠、猪肝都是本店的招牌美食。来店里的话一定要尝尝这几样哦！

东京

出了八重洲地下中央口进入八重洲地下街，在经过右手边的麦当劳东京站一号店之后，再走30秒就到了

正是因为有了这样贴心的服务，食客们才能完全放松，喝得尽兴。

客人刚落座，赠送的小菜就上桌了。在其他餐厅需要付费的一些餐前凉菜，在这里都是免费的。五串儿烤猪杂拼盘是桌桌必点的大热门。烤猪肚配酱油汁，烤猪大肠配甜汁，烤猪肝配盐，每种食材都配有相应的蘸料。厨师只是将食材表面微微烤熟，恰到好处的火候产生了绝妙的口感。烤得嫩嫩的猪肝入口即化，真是人间美味。还有招牌菜红酱砂锅炖猪杂，其浓厚、纯正的汤汁真是让人垂涎三尺。

特别是在下雨的日子，食客们不必淋雨就可以直达餐厅。这间烤猪杂店可不仅仅是"车站附近"，而是近得不能再近了！

（KUNIROKU）

011

遇到独一无二的地域限定啤酒

东京

barBAR 东京
barBAR 東京

　　barBAR东京将全日本首屈一指的手工啤酒齐聚一堂，怎么能不让啤酒控们争相前往呢？酒吧墙面用了与红砖墙相似的红色涂料，有没有看出点儿老东京站的味道？另外店里还加入了很多钢筋主题元素，在店内随处都能感受到主人别出心裁的创意。得益于如此精心的装修设计以及优越的地理位置，虽然这家店铺是没有座椅的立饮吧，但还是吸引了大批的女性客人前来就餐。

　　"无论是国内的稀少品种，还是世界知名的啤酒品牌，在这儿全都能找到。"也正因为如此，一到周末，各地的粉丝总会聚在这里，畅谈关于啤酒的话题，气氛相当热烈。在这里你可以选择不同风格、种类的艾尔啤酒或者拉格啤酒，也可以选择出自不同酿酒厂或不同国家的啤酒，甚至还能根据原材料来选择啤酒。据说酒吧所有的职员都获得了啤酒品酒师的资格，如果你只是个啤酒界的菜鸟，有什么问题就尽管问吧！

"由客人体格决定容纳人数"的吧台一般可供40名左右的客人使用。神奈川"Sankt Gallen"啤酒的绰号是"大麦葡萄酒"。14%的酒精浓度与葡萄酒非常接近,那种说不出的浓醇和刺激,会带领你的喉咙来一次冒险之旅。

有人喜欢只配点儿小零食便将杯中的啤酒一饮而尽,不过如果你的胃也想得到满足的话,那店员一定会颇为得意地向你推荐这里最受欢迎的下酒菜——500日元一份的炸鸡!厨师为了让鸡肉更加嫩滑,会提前将鸡肉用手工啤酒腌制一晚,在用以酱油为底料的酱汁腌制后,才进行炸制。

最后再啰唆几句关于bar这个店名的由来。原本"bar"这个单词是指小鸟用来歇脚的"栖木",之所以店主给店铺起这样的名字,是希望这里能成为在大家感到疲惫时可以充分放松、休息的"BAR"。

(藤原法仁)

● 店铺资料

barBAR 东京

TEL 03-3216-0581

住 千代田区丸之内1-9-1东京站名店街 交 东京站 营 11:00—23:00 休 元旦 餐位 立饮席35个 吸烟 可以 预订 不可 刷卡 可以 客 20~50岁的男女 一人 多

● 菜单

本店名菜
手工啤酒 ················· 500日元起

推荐菜肴
炸鱼薯条 ················· 1000日元

饮料
生啤(夜夜真啤酒,280毫升)
························· 500日元
生啤(八月啤酒比尔森,280毫升)
························· 700日元
生啤(Toshi's IPA,470毫升)
························· 1000日元
生啤(黑标札幌啤酒,400毫升)
························· 500日元

各种吃食
帕尔玛火腿 ··············· 600日元
炸鸡 ····················· 500日元
超香滑土豆沙拉 ··········· 500日元

● 人均消费:1000日元

● 店铺寄语
我们这里汇集了30种以上的啤酒。当你经过东京站的时候,就算只是一个人,也请进来喝一杯吧!

东京 出了八重洲地下中央口左转,餐厅位于黑塀小巷内

桥下酒馆的升级版，有乐町的新腔调

有乐町

子日
ねのひ

说到有乐町，总会让人先想到那些铁道桥下的酒馆。而在晴海大街的一条岔路上，有一间名叫子日的居酒屋，食客们都喜欢这里与桥下酒馆差不多的热闹氛围。店里全是年轻人，令人感觉活力四射，而且年轻的女性客人也不少，所以说这里和桥下酒馆的顾客定位还是有很大区别的，店员也都是年轻、活泼的那种。人多的时候挤都挤不进去，不过一个人来的话，也可以很快就在吧台落座。

坐下之后，服务员会端上来一大盘圆白菜，这个是可以随便加的。烤串拼盘是烤鸡肉串儿和烤猪肉串儿的组合，算是这里的必点菜。此外还要向你推荐一道慢炖牛杂，这道菜里加入了三种左右的牛内脏，将口感各异的食材混合在一起，是一道令人很有满足感的菜。清酒是新出窖的白鹤，烧酒有芋烧酒、麦烧酒和紫苏烧酒三种。啤酒、麦芽酒、梅子酒、黑醋栗酒、威士忌等这里也都有。

鲜嫩多汁的自制肉丸和生肉丸蘸着豆瓣酱吃,味道非常赞。热闹的酒馆里总是回荡着爽朗的说笑声。

● 店铺资料

子日

☎ 03-3571-9132

住 千代田区有乐町2-3-3 交 有乐町(东京地铁银座、东京地铁日比谷) 营 周一—周四的营业时间是16:00—次日1:00,周五的营业时间是16:00—次日2:00,周六的营业时间是16:00—次日1:00,周日及节假日的营业时间是15:00—24:00 休 无休 餐位 吧台位7个、餐桌位29个(13桌) 吸烟 可以 预订 可以(仅限19:00之前到店) 刷卡 不可 客 20~30岁的男女 一人 少

有乐町

从国铁有乐町中央检票口出来,穿过有乐町中心大厦,进入左手边的小巷,右转后就到了,店铺位于左手边

● 菜单

本店名菜	
店铺自制的肉丸、生肉丸	
	一串儿260日元
推荐菜肴	
慢炖牛杂	450日元
饮料	
生啤(中扎)	520日元
麦芽兑烧酒	370日元
麦芽酒	150日元
小酸橘沙瓦	500日元
各种吃食	
土豆沙拉	480日元
咸味黄油土豆	480日元
五花肉西红柿卷	一串儿210日元
芋头炒芹菜	520日元

● 人均消费:3000日元

● 店铺寄语

烤鸡肉串儿和烤猪肉串儿是我们店的拿手菜。这里上班族光顾得比较多,女性客人在店里也不会感觉拘束。要是你有机会路过有乐町的话,请一定要来子日坐坐!

烧烤方面,推荐你品尝一下店铺自制的生肉丸和限量销售的鸡腿窝肉。生肉丸是没有经过炸制直接烤着吃的。鸡腿窝肉(sot l'y laisse)这个词源于法语,原义是"蠢货落下的"。这块肉嵌在鸡大腿根部的一个小凹槽里,一般人在剔鸡腿肉的时候经常会忘记取这一块,因此而得名。一只鸡只有两小块鸡腿窝肉,绝对算得上是稀有部位了。烤蔬菜的种类也相当丰富,大蒜是蒸过之后再烤的,所以点菜之后需要30~40分钟才能上。如果想吃的话,进门就要赶紧点!

子日是有乐町新式酒馆的代表,也可以叫桥下酒馆的升级版,总之就是一家人气很旺的居酒屋啦!

(KUNIROKU)

015

烤肉烟熏出来的好运气

有乐町

走运猪
登運とん

在从有乐町往新桥走的路上，要穿过一段拱形桥洞。不管什么时候从这儿经过，通道里都弥漫着制作烤串的烟雾，还有酱汁经过炭烤散发出的香味，真是让人有点儿迈不动步子，不相信哪个好酒之人能抵得住这种诱惑。在这些烧烤店当中，最火爆的就要数这家走运猪了。

店铺的菜单上也有非常不错的海鲜，不过来这儿吃东西不从烤串开始实在说不过去。那就从猪脸、猪心、猪舌、猪大肠、猪肝这五种串儿组成的烤猪杂拼盘开始吧，再点上一盘解腻的小菜嬬恋腌圆白菜，保准你两杯苏打酒分分钟就下肚了。要是胃还有位置，那就再尝尝松软可口的人气肉丸吧。

在工作日的晚上，这里主要都是上班族过来喝酒、吃串儿，人特别多。要是想一个人过来吃饭的话，那就早点儿来吧。周六、周日和节日时，这里上午开门之后就不再关了，要是去银座一带闲逛的话，正好可以顺路过来吃一顿。

虽然时间还早，但气氛活跃的店铺里却早已座无虚席了。在桥洞里边喝酒，边品尝炖牛杂和烤猪杂拼盘的美味，绝对是一种特别的体验。通道里弥漫着烤肉的烟雾和诱人的焦香。

不过有一点要特别注意，因为餐厅位于室外的开放区域，所以夏天确实很热。就算抛开季节因素不说，如果赶上风向不对，搞不好就会被烧烤烟熏得够呛。所以，过来就餐最好先考虑一下时间和场合，还要考虑一下同伴的意愿。

顺便说说走运猪这个店名吧。猪是一种代表吉祥的动物，店家用"走运"这两个字是希望能给自己和食客带来好运气。店里还摆放着用木头雕刻的小猪，赶紧摸一摸，说不定运气就来了呢！

（小关敬之）

● 店铺资料

走运猪

03-3508-9454
住 千代田区有乐町2-1-10 交 有乐町（东京地铁银座、东京地铁日比谷）营 周一——周五的营业时间是11:30—23:00，周六、周日及节日的营业时间是11:00—23:00 休 无休 餐位 餐桌位36个（8桌）吸烟 可以 预订 可以（仅限周一——周四）刷卡 不可 客 40~50岁男性居多 一人 多

● 菜单

本店名菜	
烤猪杂拼盘	800日元
推荐菜肴	
名菜肉丸	160日元
饮料	
生啤（麒麟）	540日元
生麦芽酒	490日元
雷门沙瓦	390日元
藤村浊酒	390日元
各种吃食	
慢炖牛杂	440日元
孀恋腌圆白菜	420日元
味噌腌猪五花（分时段供应）	500日元
限量鸡尖	160日元

● 人均消费：2000日元

● 店铺寄语
我们店里人声鼎沸，是个能让人精力充沛的好地方。如果你刚好路过附近，请一定顺路过来品尝。

有乐町

出了国铁有乐町站的中央检票口，穿过有乐町玛丽安，过了右前方的路口右转，拐进左手边的小巷，往里走80米左右，再进入右边的桥洞，餐厅就位于你的左手边

017

想要召集酒友一起去吃的鲜鱼料理

新桥

鱼金百合鸥店
魚金ゆりかもめ店

当你在新桥一带想吃鱼又想喝两杯的时候,首先就会想到这家名店。这儿不仅是一家居酒屋,同时也可以算是一家酒吧或是精致的小餐厅。

店铺一层设计成立饮区域,对于想一个人喝酒或是时间不多又想来喝两口的人来说,真是很方便。

如果是一个人来就餐的话,切块刺身拼盘是一个不错的选择;如果是和朋友们相约前来,则可以坐在二层的餐桌位,点上一份店里的名菜刺身三拼。虽然菜单上写的是三拼,但端上来的却是六种生鱼刺身,而且每种刺身都有五六片,分量十足。要是只有一两个人吃的话,如果不是大胃王,还真是吃不完。让人惊喜的不光是分量,还有只需1250日元就可享用美食的超低价格。不单是价格便宜,鱼的品质也很高。

如果一起用餐的人少的话,可能光吃生鱼片就能吃饱。不过你看这里敢起

左页的照片是品种和数量都相当惊人的刺身三拼。此外，毛蟹酿蟹壳（左上）和酱油煮南极鳕鱼（左中）也是价格实惠的人气美食。二层的餐桌上摆着各种各样的酒。

鱼金这个店名，就可以知道这里还有很多吸引人的鱼料理。所以不管怎么说都要多约上几个酒友一起来啊！这里太火了，还是建议大家提前预约吧。

店里清酒和烧酒的品种又多又全，不知不觉就多喝了几杯。在尽情享受美酒的同时，别忘了最后再点上一道炒饭之类的主食，又好吃，又养胃。

（小关敦之）

● 店铺资料

鱼金百合鸥店

03-3575-0117

住 东京都港区新桥2-19-7 交 国铁新桥站 营 工作日的营业时间是17:00—23:30（点菜时间截止至22:30，点酒时间截止至23:00），周六的营业时间是16:30—23:30（点菜时间截止至22:30，点酒时间截止至23:00），周日、节日的营业时间是16:30—23:00（点菜时间截止至22:00，点酒时间截止至22:30）休 无休 餐位 立饮位17个，餐桌位16个（5桌）吸烟 可以 预订 可以（限二层餐桌位且在18:00前到店）刷卡 不可 客 40岁左右的男女 一人 多

新桥

从汐留口出来后直走，当看见新桥站前大厦1号馆在右手边时就继续走，到达新桥海洋大厦的十字路口后右转，往前走一点儿，店铺就在你的左手边

● 菜单

本店名菜
刺身三拼 ············ 1250日元

推荐菜肴
切块刺身拼盘 ······ 610日元

饮料
生啤（优质麦芽酒）······ 540日元
尾濑雪融啤酒特别本酿造···400日元
尾濑雪融啤酒季节限定酒···610日元起

各种吃食
带壳鲍鱼刺身 ············ 290日元
牛油果金枪鱼塔塔（仅百合鸥店）
··············· 600日元
毛蟹酿蟹壳（限期供应）
··············· 1030日元起
健康海青菜豆腐 ·········· 600日元

● 人均消费：2500～3000日元

● 店铺寄语

日本人食肉超过食鱼的现象愈演愈烈，我们只是希望尽力做一些改变。每天老板都会亲自去筑地市场采买新鲜的食材。这里并不局限于立饮这一种形式，另外，惊人的分量和超高的性价比也是我们的卖点！一个人也可以轻松光顾。我们全体员工恭候你的光临。

019

在宽松的空间品尝炉火纯青的鱼料理

新桥

喜多八
喜多八

　　这是一家让你想要慢饮美酒、细品鲜鱼的好店，店铺位于经营模式多样、个性餐厅林立的新桥一带。老板坚持按照自己的方式经营居酒屋，并不介意人们所谓的"酒馆的王道应该这样！"之类的条条框框。店里的装修也是极简风格，操作台前面是一排吧台，靠墙的是四张餐桌。

　　喜多八的菜品都是真材实料，而且价格适中，在繁华的新桥一带也算得上是特立独行了吧。从筑地市场购进的食材，在经验丰富的主厨手中，变成一道道精致的美食呈现在食客面前。

　　这里的生拌鱼蓉使用的是沙丁鱼肉，加入小葱一起敲打成泥，再加入经过调味的白味噌和醋拌一下就做好了。味噌口味的生拌鱼蓉和醋的风味非常契合，好吃得让人停不下嘴。刺身拼盘里都是当季打捞上来的荧光乌贼、沙丁鱼、赤贝、墨鱼和青花鱼，绝对属于奢侈品。摆盘也特别实在，保证让食客们

厨师烤串的火候真可谓炉火纯青了。店里藏着不少让人瞠目的名贵清酒。烧酒是900毫升的，喝不完的话，还可以让店铺代为保存，是新桥一带难得的好店。

吃到爽。要是再配上一杯辣口的清酒，那真是太地道了。

在新桥这个寸土寸金的地方，老板还是尽力为客人营造出一个宽松、舒适的空间，尤其是店里宽敞、舒适的吧台位，真是没得挑啊。

临走时，老板说的一句话让我念念不忘："下次来的时候尝尝我做的鱼干吧，都是上午进货，下午放在大门口晾干的。"在新桥还能吃到自己晒的鱼干，下次一定要尝尝！

（藤原法仁）

● **店铺资料**

喜多八

☎ 03-3431-2402
住 港区新桥4-15-8 交 新桥站
营 17:30—23:30 休 周六、周日、节日 餐位 吧台位6个，餐桌位12个（3桌）吸烟 可以 预订 可以 刷卡 不可
客 45～55岁的男性 一人 少

● **菜单**

本店名菜	
用沙丁鱼做的生拌鱼蓉	550日元

推荐菜肴	
当季刺身	450～650日元

饮料	
瓶装啤酒（大）	650日元
神龟纯米（180毫升）	750日元
清泉纯米（180毫升）	750日元
竹鹤纯米（180毫升）	600日元

各种吃食	
沙丁鱼刺身	550日元
自制干鱼	450～640日元
日晒一夜干鱼（半干）	450日元
活海鞘刺身（或橙醋拌）	550日元
正宗烤大马哈鱼（或炸）	550日元

● **人均消费：4000日元**

● **店铺寄语**

只要是关于鱼的问题，随时招呼我就行。我这儿就是一间只有26平方米的小店。

新桥

从乌森口出来，背对着铁路往前走30米左右，从弹子房和药店中间那条路左转，往前走200米，店铺就在投币停车场的左边

发挥杂碎行家的真正价值

[浜松町]

夏冬
夏冬

"HORUMONNU"这个发音在日语中是指爱吃烤杂碎的女性,虽然这两年几乎没人再用这个词了,但是喜欢吃肉的女性还是有增无减。说到烤杂碎店,不久之前这种地方还只是大叔们的圣地,完全见不到女性的身影,但是现在当你再在这种地方看到女性客人时,却已经一点儿也不觉得稀奇了。

要是公司里有喜欢吃肉的女同事对你说"带我去你喜欢的烤杂碎店吧",那就带她来夏冬吧。

在夏冬,客人要使用安装在桌子上的炭烤炉烤制生肉,是一家与烤肉馆形式相似的烤杂碎店。下单时还可以指定不同部位的肉,不过我还是更推荐先点上一碟拼盘,这样各种部位的肉就都能吃到了,如果发现喜欢吃的不够吃,还可以再追加。

当服务员将切成大块的各种杂碎堆在盘子里端上桌的时候,这个画面绝对够气势。这时候你再特别内行地介绍一下这些分别都是什么部位的肉,说不定

把新鲜的肉类食材放在炭火上烤，再蘸上餐厅自制的味噌酱，忍不住就要多喝几口了。杂碎拼盘量超大，堆得像一座小山。大大的木质餐桌出自店主的手艺。

你的女同事会用一种特别崇拜的眼神来看你呢。菜单里分小拼、中拼和大拼三种，只是分量不同，方便客人根据就餐的人数进行选择。

咖喱并没有出现在菜单上，不过有时候在最后可以吃到，那是一定要在午餐主打的尼泊尔妈妈的咖喱鸡的咖喱剩下时才能有，需要碰运气。咖喱的辣味让人吃了上瘾，所以特别受欢迎。要是你去的那天碰巧有，千万别错过品尝的机会啊！

这家店很热门，所以就算人数不多，最好也提前预约一下。

（小关敦之）

● 店铺资料

夏冬

03-3431-0552
住 港区芝大门1-8-4　**交** 都营电铁大门站　**营** 中午11:30—13:30，晚上17:00—23:00　**休** 周六、周日、节日　**餐位** 餐桌位19个（2桌）　**吸烟** 可以　**预订** 可以　**刷卡** 不可　**客** 40岁左右的男女　**一人** 少

● 菜单

本店名菜
烤杂碎

推荐菜肴
软骨 ················· 300日元

饮料
生啤（朝日）············ 450日元
瓶装啤酒（札幌、麒麟）··· 550日元
嗨棒 ················· 400日元
麦芽酒套装 ··········· 550日元
黑雾岛烧酒 ··········· 500日元

各种吃食
猪大肠 ··············· 300日元
猪脸肉 ··············· 300日元
毛豆 ················· 250日元
冰镇西红柿 ··········· 350日元
烤饭团 ··············· 350日元
辣白菜 ··············· 400日元

● 人均消费：2500日元

● 店铺寄语
我们店把最新鲜的食材用最简单的方式提供给客人。

浜松町

从大门站A6出口出来，在理索纳银行那里右转，向前走见到路口左转，朝芝大神宫方向走，在右手边第一条路右转，再往前走约40米，店铺就在你的左手边

老式角打的新腔调

田町

内田屋　西山福之助商店
内田屋　西山福之助商店

街上卖酒的铺子到了傍晚就会变身为立饮吧，这个习俗从江户时代就有了，日语叫角打，简单地说就是在酒铺里喝酒，就算有桌子之类的摆设，因为不是餐饮店，所以一般也是不提供任何服务的。内田屋　西山福之助商店就是一间角打名店。

从田町到芝公园，一路上有好几间角打，这一带在圈内相当有名。每天下午五点一过，附近的上班族就开始向这里聚集，到了七点左右，店里基本上就没地儿了。

因为是酒铺，所以大家一般都拿店里卖的罐头之类的食品做下酒菜。这家店会帮客人把罐头打开并放在碟子里，同时还会提供蛋黄酱和胡椒等调料。这些虽然算不上什么，但还是会让人觉得很贴心。酒的价格和店里的零售价是不一样的，啤酒什么的要加收30日元，最贵的一升瓶[1]（1.8升）清酒要加收500

[1] 按日本古单位，1.8公升为日式1升，故将1.8升瓶装称为一升瓶。

左页的照片是人气美食厚炸豆腐。店里什么酒都有，客人可以就着熏鸭肉和豆腐等下酒菜来享用美酒。店里大多是每天下了班就跑来喝酒的老客人，特别热闹。

● 店铺资料

内田屋　西山福之助商店

☎ 03-3451-0386
住 港区芝4-7-1　交 都营电铁三田站（国铁田町站）营 17:00—20:00 休 周六、周日、节日 餐位 吧台立饮位6个左右，餐桌立饮位8个左右 吸烟 可以 预订 不可 刷卡 不可 客 50岁左右的男女 一人 多

从三田站A7出口出来，沿着国道15号线往滨松町方向走400米左右，看到岗亭后左转，再往前走一点儿，店铺就在左手边

● 菜单

本店名菜
厚炸豆腐　　　　　　　150日元

推荐菜肴
豆腐　　　　　　　　　150日元

饮料
生啤（札幌）　　　　　330日元
麦芽酒　　　　　　　　300日元
白玉烧酒　　　　　　　250日元
贺茂鹤　　　　　　　　300日元

各种吃食
熏鸭肉　　　　　　　　200日元
青芥末拌章鱼　　　　　150日元
马肉刺身　　　　　　　350日元
熏海鳗　　　　　　　　200日元
奈良腌菜　　　　　　　150日元

● 人均消费：1000日元

● 店铺寄语

让客人满意是我们最大的心愿。小菜是免费赠送的。

日元。买了酒之后就在吧台取杯子和小菜，钱直接丢进筐子里就行，再由店里的人从筐子里把钱取走。

能提供这么多下酒菜的角打并不多见。圆白菜卷、腌金枪鱼、炖杂碎、土豆沙拉，这些都是最常见的下酒菜，每种不到300日元，非常便宜。

另外，店铺就像是一个"酒友沙龙"，大家可以在这里聊天，交换各种信息。经常能看到这样的场景，本来几个人都是独自来喝酒的客人，由于在这里一见如故，因此又结伴去另外一家酒馆继续喝。这就是来角打喝酒的真正乐趣。

各路好酒之人每天晚上都要到这里报到也是因为这个原因吧。

（KUNIROKU）

025

性价比无敌的站前烤鸡肉串儿

品川

鸟照
鳥てる

餐厅位于品川站附近一栋大楼的地下。不过这里与现今品川一带的风格不太一样，感觉倒像是新桥站附近的大楼。就在这样一栋混租大楼的地下，却藏着一间经常预订不上的烤鸡肉串儿店，它就是鸟照。

这间小店只有十多个座位，一天只接待一拨客人，不翻桌。菜品只有3200日元的烤鸡肉串儿套餐，预订电话只在每天的18:00—18:30开放半个小时，而且根本就打不进去，主要是因为店里事无巨细都是老板一个人在张罗。这家店就是这样火到预订不上。

套餐中包括九串儿肉串儿，还有小菜和鸡汤。鸡肉串儿很大，吃起来特有满足感。烤芥末鸡是鸡胸肉配青芥末，大块的鸡胸肉是半熟的，非常鲜嫩。烤鸡肝入口即化，真是极品美味。葱卷是用葱卷着鸡肉烤的，在别处很少吃到。每种烤串都个性十足，向食客们传达着它独有的滋味。套餐之外还可以追加两

烤鸡肉串儿套餐(左页照片)里的每一串儿烤串儿都有自己独特的口味,堪称极品。在平静安逸的氛围中,你可以一边欣赏老板有条不紊地制作烤串,一边慢慢细品美食和美酒。

三串儿烤鸡翅、烤鸡皮一类的食物。不过单吃套餐就已经够多的了,想要再追加各种吃的,估计肚子也要抗议了。

这里的清酒主要是浦霞出品的。烧酒都是少见的品牌,大约有十种。鲜柠檬沙瓦现点现做,等客人下单之后再榨柠檬汁,里面还像咸狗鸡尾酒那样加了盐,很有意思。

店里的女性顾客很多,可能也是因为店主是个踏实、稳重的人吧。除了接受预约的那30分钟,其余时间电话是没人接听的。与其说店主一个人顾不上接电话,还不如说他更希望全力以赴为眼前的客人提供最好的美食和服务。虽然只是一家小店,但却有那么多闪光点,难怪人气爆棚了。

(KUNIROKU)

● **店铺资料**

鸟照

03-5421-1919

住 港区高轮3-26-33 品川站高轮出口旁的秀和品川大厦地下美食街内 **交** 品川站 **营** 18:30—22:00 **休** 周六、周日、节日 **餐位** 吧台位12个 **吸烟** 不可 **预订** 可以 **刷卡** 不可 **客** 30~50岁的男女 **一人** 少

品川 从国铁品川站高轮出口出来后右转,当看到岗亭就在左手边时继续走,店铺就在秀和品川大楼的地下

● **菜单**

本店名菜
烤鸡肉串儿套餐(包括烤鸡肉串儿九串儿、小碟开胃菜、鸡汤等,一共11道)············ 3200日元

推荐菜肴
蔬菜烤串 香菇············ 300日元

饮料
生啤(麒麟)············ 500日元
芋烧酒 萨摩黑   加冰600日元,
                加热水500日元
麦烧酒 山猿······ 加冰600日元,
                加热水500日元
米烧酒 极乐······ 加冰600日元,
                加热水500日元

各种吃食
蔬菜烤串 柿子椒········ 300日元
蔬菜烤串 小西红柿······ 300日元
鸡汤泡饭················ 550日元

● **人均消费:5000日元**

● **店铺寄语**

烤鸡肉串儿是日本的著名小吃。也可以从竹签上取下来用筷子夹着吃。不过在我们店里,还是希望大家可以直接拿着竹签大口享用刚烤好的肉串儿。烤鸡肉串儿就是要这么吃才最爽啊!

* 电话预约接待时间为:18:00—18:30。18:30之后只提供当天空位确认的信息。

大牌名酒的无限量畅饮

大崎

天志乃
天志乃

大崎站曾经被大家叫作山手线上"最不起眼的车站"。可是近几年，这里开展了大规模的再开发建设，作为东京的副中心之一，很多先进的大企业也都选择了这个区域，街道面貌焕然一新。

伴随着这样的变化，新建大楼鳞次栉比，就业环境及居住环境都得到了改善。不过，原本扎根在这里的餐饮店接二连三地关门也是一个事实。

现在对于大崎来说，像天志乃这样经营多年并深受本地人喜爱的店铺已经弥足珍贵了。从天志乃这个店名推测，早前店主应该是做天妇罗起家的，后来在菜单中加入了炸猪排。这家店一直以餐饮业为主，几年前开始改为只在晚间营业的居酒屋。

这家店最大的亮点就是4500日元起的畅饮套餐，大多数客人也是为此而来的。说到无限量畅饮，"这些名牌酒也是可以随便喝的"，店里有许多大牌名

左页的照片是5500日元套餐中包含的生鱼刺身。可以边喝酒,边慢慢享用。店里很有家的氛围,到处都感觉很温馨。超大的长条木桌很亮眼。

酒都是可以无限畅饮的,有时我都怀疑自己是不是看错了。而且老板娘还是"全国销售酒类品鉴酒会"认可的品酒名家,说不定还会有幸喝到她亲自挑选的珍藏级清酒呢。除了酒,这里的菜品也不可小觑。特别是所有套餐都包含的炸小里脊猪排,绝对是一道极品菜,强烈推荐给各位猪排爱好者们。

畅饮套餐是四位起订的预订制,限时两个小时。

(小关敦之)

● 店铺资料

天志乃

03-3493-8758
住 品川区西品川3-20-6 交 大崎站
营 18:00—22:00 休 周六、周日、节日 餐位 一层餐桌位10个(1桌),二层餐桌位25个(3桌) 吸烟 可以 预订 可以(至少提前一天) 刷卡 不可 客 50岁左右的男性 一人 少

大崎

从国铁大崎站新西口的台阶下来,沿着铁路直走,在第二个红绿灯右转,进入百反坂向上走一点儿,店铺就在你的左手边

● 菜单

本店名菜
套餐(无限量畅饮,需要预约)
.... 4500日元起

推荐菜肴
生鱼刺身(包含在套餐里)

饮料
瓶装啤酒(朝日)大瓶 ⋯⋯ 600日元
十四代 爱山(180毫升)1550日元
黑龙 纯米吟酿(180毫升)
⋯⋯⋯⋯⋯⋯⋯⋯⋯⋯⋯⋯ 900日元
梵系列 艳(180毫升)⋯ 1100日元

各种吃食
烤串拼盘(十串儿)⋯⋯⋯ 1750日元
烤明太鱼 ⋯⋯⋯⋯⋯⋯⋯ 850日元
日式厚蛋卷 ⋯⋯⋯⋯⋯⋯ 450日元
自制烤鲑鱼干⋯⋯⋯⋯⋯ 550日元

● 人均消费:5000日元

● 店铺寄语
我们准备了很多美味的清酒恭候你的光临。
* 套餐需要预约,限四位以上。请提前两天通过电话或者官网上的邮箱进行预约。

029

全方位享用青森县杂交军鸡

五反田

吉鸟
よし鳥

　　五反田站附近的烤鸡肉串儿店吉鸟,因为获得了米其林指南的评星而颇受瞩目。最难能可贵的是,他们并没有在客人面前摆出一丝一毫的架子,极富亲和力的待客之道也成了这里的特色之一。

　　上了年纪的客人喜欢坐在吧台享用烤串,餐桌位又常能见到成群结队的年轻人,吉鸟获得了各年龄层客人的喜爱,大家其乐融融,谁也不会破坏这里的氛围,让人感觉特别舒服。

　　店里在烹饪时只选用青森县产的杂交军鸡(军鸡即斗鸡),而且全都用盐烤,只为更好地展现出军鸡特有的风味。厨师推荐五串儿套餐中包括烤鸡肉串儿、烤蔬菜串儿和汤,一般都是以套餐为主,不够的话可以再追加几串儿。选好套餐之后先点个沙拉,推荐大家品尝一道菠菜雪花鸡肉沙拉配温泉蛋,这道菜颜色搭配得很漂亮,口味均衡,让人放不下筷子。套餐的上菜时间恰到好

左页的照片就是厨师推荐五串儿套餐，口味浓郁的烤杂交军鸡串儿搭配与鸡肉相得益彰的烤蔬菜串儿。左上方照片里的生拌鸡肉，中间的温泉蛋鱼肉松盖饭味道也相当赞，一定要尝一尝。

处，让食客们能从容地喝酒、聊天。

每次来这家店，大葱金枪鱼烤串都是我一定要吃的，而且吃到最后还会纠结要不要再来一串儿，走的时候甚至会觉得有点儿恋恋不舍。

店里的酒以清酒和烧酒为主，都是精品。凤凰美田的柚子酒要特别推荐给女性食客，柚子酒在制作时不使用任何添加剂，清爽的柚子香和自然的口感让人有些欲罢不能。最后的主食一般就是温泉蛋鱼肉松盖饭或鸡蛋杂烩粥。吃完之后，你一定会感觉自己可以在杂交军鸡的饮食界叱咤风云了。

（KUNIROKU）

● 店铺资料

吉鸟

03-5793-5050

住 品川区东五反田1-12-9伊维亚尔五反田大厦二层 交 国铁五反田站
营 17:00—23:00（最后的点餐时间为22:30）休 周日、节日 餐位 吧台位8个，餐桌位16个（4桌）吸烟 可以 预订 可以 刷卡 可以（维萨或万事达卡）客 30~50岁的男女 一人 少

五反田

从五反田站东口出来，左边能看见青山洋服，在它后面的7-11便利店右转，往前走40米，店铺在左手边的伊维亚尔五反田大厦二层

● 菜单

本店名菜
厨师推荐五串儿套餐（包括烤杂交军鸡串儿四串儿、烤蔬菜串儿一串儿、汤）
·················· 1500日元

推荐菜肴
生拌鸡肉·················· 900日元

饮 料
生啤（麒麟中心地带） ··· 600日元
田酒 特别纯米 ········· 900日元
八咫鸟 大吟酿（吉鸟限量瓶装）
·················· 1600日元
柚子酒·················· 700日元

各种吃食
温泉蛋鱼肉松盖饭 ······ 950日元
菠菜雪花鸡肉沙拉配温泉蛋
·················· 1200日元
酒糟烤鸡尖 ············· 800日元
鸡蛋杂烩粥 ············· 700日元

● 人均消费：5000~6000日元

● 店铺寄语

来吃烤串的客人有的是来喝酒的，有的是几个人一起来的，有的是一个人来的，我们会根据大家不同的需求奉上最好的烤串。端上桌的烤串希望大家尽快吃，这样才能保证其最好的口感。

031

极品鸡翅和精选烧酒

目黑

银角
銀角

  目黑站西口原来有个挺古老的酒馆一条街,其中有不少一直经营的老店。随着这一地区的开发再建,有不少酒馆都搬进了Sun Felista目黑大厦里。大厦的三层楼里集中了30多间酒馆,复制了从前小巷里的热闹景象。在名店云集的大厦里,也有这几年才开业并受到关注的居酒屋,主打鸡翅和烧酒的银角就是其中之一。

  店主希望能让客人在店里悠闲自在地品尝到各种好吃且不贵的美食。逃离车站附近的喧嚣,搬进大厦里正好能完成这个夙愿。小店虽然只有12个座位,但是环境非常舒适、安逸,时间在这儿仿佛都变慢了。

  这里最出名的菜品就是炸鸡翅了,据说仅制作前的准备就需要八个小时。炸鸡翅鸡皮香脆,鸡肉鲜润、可口。腌制时用了胡椒盐、花椒等多种辛辣调料,因此味道浓郁且富有层次。鸡翅分为裹糊炸和直接炸两种,客人可以根据自己的喜好进行选择。

吧台上的烧酒和梅子酒排成一排。左侧中间的照片是炸鸡翅,有深色和浅色两种。最下面的照片是上面加了天妇罗碎的拌菜。

烧酒因为一段时间特别流行,因而价格涨得厉害。但是在银角,你能以极低的价格品尝到老板亲自精选出的各种烧酒。烧酒和梅子酒加在一起有100种以上,足足摆了一整面墙。客人可以直接看着墙上的酒瓶挑选,也可以听听老板的推荐,选择一款适合自己的。我旁边的女性顾客就是一边和老板聊天,一边选择想喝的酒。店主不是个内向的人,看样子也非常享受这种和客人之间的交流,乐此不疲地推荐着各种好酒。

烧酒和鸡翅都特别便宜,就算喝了很多酒,结账时也还是会觉得很便宜。主食是一款几乎人人都点的温泉蛋乌冬面,大家一定要留出点儿肚子来吃,非常推荐!

(KUNIROKU)

● 店铺资料

银角

☎ 03-3493-6090
住 品川区上大崎2-27-1 Sun Felista 目黑大厦地下一层 交 国铁目黑站
营 18:00—24:00 休 周日 餐位 吧台位8个,餐桌位4个(1桌)吸烟 可以 预订 可以 刷卡 不可 客 30~50岁的男女 一人 多

● 菜单

本店名菜	
炸鸡翅(深、浅)	一只120日元

推荐菜肴	
拌菜	420日元

饮料	
生啤(札幌)	430日元
鲸	380日元
不二才	420日元
三岳	480日元

各种吃食	
生拌宫崎鸡肉	680日元
自制豆腐烧肉	420日元
西京味噌煮猪大排	480日元
手工可乐饼	280日元

● 人均消费:2500日元

● 店铺寄语

这里有很多烧酒和梅子酒,请一定来品尝一下我亲手做的炸鸡翅。

目黑 从西出口出来,然后从左手边55号车站大厦的一角下去,一层有一家圣马克咖啡厅,店铺在与其紧挨着的Sun Felista目黑大厦的地下一层

033

口口相传的正宗西班牙酒吧

惠比寿

TIO DANJO BAR
TIO DANJO BAR

从惠比寿车站东口出来，步行三分钟就可以到达这家西班牙酒吧TIO DANJO BAR。惠比寿一带各种酒吧星罗棋布，这几年西班牙酒吧盛行，而TIO DANJO BAR是早在这之前就开业的人气老店。店里总是客满的状态，就连店外也是人满为患。大家都在外面观望，一旦发现里面有地方了，就会冲进来。不需要太大的空间是立饮吧最大的好处，大家稍微挤挤，一个人的地方就腾出来了。必须要先想办法把自己塞进去，不然只能傻傻看着。

TIO DANJO BAR并没有为了迎合日本人的口味而做任何改变，店铺一直坚持做正宗的西班牙风味菜肴。这里有成群结队的吵吵嚷嚷的年轻人、静静品酒的中年夫妇，也有津津有味地品尝着正宗西班牙料理的闺密团。略显杂乱的气氛与这里类似酒窖的装修风格相得益彰，感觉真是浑然一体。请在这酒不醉人人自醉的氛围中，度过一小段愉悦的时光吧。

各种出名的西班牙小吃,价格都非常实惠。店内洋溢着浓郁的西班牙风情,这里只有少数的吧台位,主要以立饮形式为主。

● **店铺资料**

TIO DANJO BAR

☎ 03-5420-0747

住 涩谷区惠比寿1-12-5 萩原大厦3号楼一层、二层 交 惠比寿站 营 14:00—23:30 休 周日、节日 餐位 吧台位10个,立饮位30个 吸烟 可以 预订 不可 刷卡 不可 客 30～40岁的男女 一人 多

惠比寿

● **菜单**

本店名菜	
蘑菇铁板烧	600日元

推荐菜肴	
利比里亚黑猪生火腿可乐饼	一块200日元

饮料	
生啤	500日元
卡瓦	700日元
雪利酒	500日元起
苹果酒	700日元

各种吃食	
醋泡沙丁鱼	600日元
自制肝泥	800日元
熏三文鱼塔塔	600日元
无添加萨摩黑猪生火腿	800日元
利比里亚黑猪西班牙肠	600日元

● **人均消费:2500日元**

● **店铺寄语**
我们店是地道的西班牙酒吧风格餐吧。可以使用西班牙语交流,希望外籍客人也可以轻松光顾。

从国铁惠比寿站东口出来,再从十字路口处瑞穗银行左边的一条小路进去,店铺位于第三家店

在酒吧入口处的墙上写了几种这里的固定菜式。比较推荐的是马德里风味炖牛肚、利比里亚黑猪生火腿等。当你找到位置点好菜之后,服务员马上就会给你上红酒和长面包。我最喜欢把长面包泡在炖菜的汤汁里吃了,再配上红酒,连喝两杯都没问题。

这家店最大的魅力是人与人之间的交流。独自光顾的客人可以一边与店员闲谈,一边喝酒,还有很多老客人都是因为喜欢和老板聊天才来的。这儿就是一个可以找人畅谈的好地方。

(KUNIROKU)

035

新感觉，挑战个性居酒屋

涩谷

GNSP
GNSP

　　沿着涩谷东急百货总店前面那条路往代代木公园方向走，在渐渐远离喧嚣的同时，街道两旁会出现不少气质优雅的酒馆，GNSP就在其中。店铺的标志是一个蛋筒冰激凌，这就已经够另类的了，而店名更是奇特，GNSP是Good Night Sakamori Party（晚安酒会派对）的缩写，似乎从酒馆的氛围中也能读到一些相同的意味。

　　来这家店的话就要先点上一碟生鱼拼盘，当日采购的海鲜其品质在涩谷一带的居酒屋里可是数一数二的。牛肉塔塔配蛋黄酱橙醋、烤牛油果配酒盗……这些菜看起来很新奇，但是内行人明白这都是下酒的佳品。口杯清酒也很有意思，将日本各地产的口杯酒放在托盘上端过来，让客人任选。看着各种五颜六色的标签，每种都想尝尝，一时还真是难以决定。店里还有很多由老板亲自精选出来的好酒，但是不少客人在一开始喝了口杯酒后感觉不错，结果就点了一堆口杯酒。

能吃到应季最新鲜的食物是**本店的特色之一**。香肠和土豆沙拉是店铺自制的，也是老板极力推荐的菜品。此外，蛋卷冰激凌也是人气单品，很多客人都是专门为它而来的。

● 店铺资料

GNSP

- ☎ 03-6416-8806
- 住 涩谷区宇田川町37-14 大向塚田大厦一层
- 交 涩谷站
- 营 18:00—次日0:30
- 休 周日、不定休
- 餐位 吧台位2个，餐桌位27个（8桌）
- 吸烟 可以
- 预订 可以
- 刷卡 可以
- 客 30～40岁的男女
- 一人 少

从涩谷站八公犬出口出来，朝着东急百货总店往上走，再往代代木八幡方向走，店铺就在你的右手边

● 菜单

本店名菜	
应季蔬菜配鳀鱼沙拉酱	735日元

推荐菜肴	
自制土豆沙拉	525日元

饮料	
生啤(朝日超级干啤)	525日元
生啤(八月啤酒)	683日元
生啤(黑啤)	683日元
沙瓦类	525日元
芋烧酒	630日元
口杯清酒	630日元

各种吃食	
国产猪肉自制香肠	1103日元
凉拌时蔬	420日元
GNSP 炸猪排	630日元
刺身拼盘	1575日元
北海道蛋筒冰激凌	368日元

● 人均消费：3500～4000日元

● 店铺寄语

亲切的待客之道也是我们的卖点之一。老板是个很健谈的人，一定要找他聊两句。来我们店可以只买冰激凌。

到这里品尝美食的话，黄油玉米焖饭一类的食物是不错的选择。菜单上一些乍一看很搞笑的菜名，其实都是店主为食客们精心烹制的创作料理。原以为这样的店肯定都是年轻人才来光顾的，没想到中年顾客也挺多的。不过，最多的还是年轻的女性顾客。在餐厅的半开放式包间里总能看到闺密团在欢乐地聚餐，因为她们总能最先发现那些既便宜，又好吃的馆子。GNSP的菜品充满了创意，通过口口相传，人气也越来越旺，如今已经成为涩谷一带一家非常时髦的居酒屋了。

（KUNIROKU）

八丈岛的鲜鱼和乡土菜

原宿

服部
はっとり

感觉原宿周边像样的居酒屋很少，咖啡馆、酒吧什么的倒是还有一些，但说到居酒屋，却是凤毛麟角，只有那么一家早前就常去的店服部，就在明治大街和表参道交叉十字路口的那座大厦里。

在这里，我们能够品尝到使用八丈岛产的各色食材及各地的鲜鱼、蔬菜制作而成的正宗八丈岛料理。很多上班族都喜欢下了班泡在这儿，有时候甚至还要等座。

首先推荐大家点一份刺身拼盘，里面有飞鱼、金枪鱼、鲈鱼、火燎帆立贝、金眼鲷等八丈岛的新鲜海产，我觉得就算只为刺身而来也很值得。烤旗鱼的鱼骨光看外观就相当震撼，使用胡椒调味，非常可口。盐烤整条鱿鱼还配了一些鱼肠，特制适合作为下酒菜。烤鱼皮是一道用鲣鱼和金枪鱼的皮烤制而成的渔民菜肴，追求劲爆的话可以配上八丈岛产的辣椒一起吃，只需一片就能辣到你眼泪汪汪、嘴里冒火。

左页的照片是烤八丈岛圆鲹鱼干和岛上的烧酒（加冰）。左边的照片是明日草天妇罗。这几样都是在别的店里找不到的，值得一试。

明日草天妇罗非常稀有，在其他店里几乎找不到。明日草是自古就长在八丈岛的一种植物，这款天妇罗薄薄的，很脆，还带着一点儿苦味儿，搭配啤酒吃也很不错。

这里还有一种渔民酒很有意思，据说一个人最多喝两杯。这种酒是用啤酒和烧酒混合而成的，外观看上去和啤酒无异，将酒杯靠近嘴边后便能感受到八丈岛烧酒的清香在啤酒泡沫间回荡，就像喝啤酒那么咕嘟咕嘟下肚，兴致刚起时就已经有点儿找不着北了。所以说还是"一个人两杯"比较保险。

（KUNIROKU）

原宿

● 店铺资料

服部

☎ 03-5469-2211
住 涩谷区神宫前6-4-1 八角馆四层
交 国铁原宿站 营 中午11:30—15:30（周六、周日、节日营业到15:00），晚上17:00—24:00 休 无休 餐位 餐桌位30个（9桌） 吸烟 可以 预订 可以 刷卡 可以 客 30～40岁的男女 一人 少

从国铁原宿站表参道出口出来，沿着井之头大街往表参道方向走，店铺在明治大街和表参道的十字路口处三菱东京UFJ银行的四层

● 菜单

本店名菜	
烤八丈岛圆鲹鱼干	1418日元

推荐菜肴	
明日草天妇罗	777日元

饮料	
生啤 中扎（麒麟）	630日元
黑潮（麦烧，一杯）	473日元
情嶋（麦烧、芋烧，一杯）	473日元
潮梅（麦烧，一杯）	473日元

各种吃食	
烤鱼皮 小份（火燎鲣鱼皮和金枪鱼皮等）	735日元
岛寿司	1050日元
烤八丈岛产岩海苔	1260日元
生拌飞鱼	945日元

● 人均消费：4000日元

● 店铺寄语
我们出品的是日料厨师制作的八丈岛家庭料理。到原宿想吃鱼的话，请一定要来我们家。

应季鲜鱼和用心制作的手工好味

代代木

志乃部
志乃ぶ

代代木的人气名店志乃部的午餐已经完全被大家认可了。每天在筑地市场采买的应季鲜鱼,使用最简单的烹调方式来表达最本质的鲜美。经过用心调味的炖菜、客人点餐后才开始制作的烤鱼、用鲣鱼和海带高汤制作的味噌汤,都是这家店的特色。米糠腌菜和梅子干也都是店里自己加工的。厨师精湛的手艺让原本的家庭料理变得精致高雅了。这种形式吸引着很多白领和上班族。

当然,能将店里的本事发挥到极致的还是晚餐时间。我第一次在晚上去志乃部的时候,这里纯正的居酒屋风情反倒让我感到意外了。想着午餐时的情景,觉得晚餐这里也应该是类似小菜馆风格的,没想到这里竟然是一家如此地道的居酒屋。前面那桌是四个中年客人,正开心地边喝边聊,我们坐的是两人的餐桌位。店内小巧别致,感觉非常舒适。我们点了刺身和味噌炖青花鱼,这里的煮鱼什么时候吃都不会让人失望。

左页的照片是银鳕鱼西京烧，保准你吃了之后还想要再添一碗饭。左上方照片里的千张豆腐和中间的韭菜炒鸡蛋都是让人食过难忘的美味。下面的图片是炖金吉鱼。

店铺资料

志乃部

03-3379-5848

住 涩谷区代代木1-21-12盖亚大厦一层
交 代代木站　营 中午11:30—15:00，晚上17:00—22:30　休 周六、周日、节日
餐位 吧台位6个，餐桌位12个（4桌）
吸烟 可以（限晚餐）　预订 可以　刷卡 不可　客 30岁左右的男女　一人 多

菜单

本店名菜
银鳕鱼西京烧 …… 900日元

推荐菜肴
韭菜炒鸡蛋 …… 600日元

饮料
瓶装啤酒 中瓶（麒麟、朝日、札幌）
　　　　　　…… 600日元
角瓶嗨棒 …… 400日元
八角山 冷酒 …… 1000日元
烧酒加水 …… 500日元

各种吃食
豆腐烧肉 …… 1200日元
醋泡青花鱼 …… 900日元
山药泥配金枪鱼 …… 700日元
味噌炖青花鱼 …… 1155日元

人均消费：3000～4000日元

店铺寄语

菜单上都是一些家庭料理，全部用手工来制作。食材都是从非常讲究的蔬菜店和筑地直接采买的。就算不喝酒只吃菜，也是一种不错的选择哦！

代代木

从国铁代代木站出来，在十字路口处左转，然后直行，店铺在你的右手边

据说居酒屋的起源是江户时代卖炖菜的小店。现在我们用炖菜下酒的时候越来越少了，其实日本酒和炖菜是很合拍的。来志乃部可以从炖菜点起。之前周刊杂志跟我约稿，让我撰写关于味噌炖青花鱼的特辑，我就曾经介绍过这里，其原因不仅是因为该店青花鱼的新鲜程度和调味都很出众，最重要的还是因为用这道菜来下酒实在是太赞了。

这家店是一家下班回家时想要顺路去的居酒屋，如果我就住在附近的话，估计每天我都会想去坐坐。酱汤、饭团和米糠腌菜，再来一道炖菜就完美了。我们想在居酒屋吃到的不就是这些最简单的美味吗？下次还想顺路再来志乃部。

（KUNIROKU）

041

超实惠的酒吧老店，向正宗美食致敬

新宿

鹰酒吧
イーグル

　　新宿东口的阿尔塔商厦后面，有一家于1967年开业的酒吧老店鹰酒吧，红色招牌上写着"三得利赞助！！200日元均一价"的字样，标识上拿着酒杯的老头儿让人觉得风趣、幽默。其实，鹰酒吧店内的氛围与招牌给人的印象反差很大。

　　从台阶往下走，中间有一个自动门，穿过自动门，另一个世界便呈现在我们眼前。高高的天花板让人几乎忘了这是在地下，墙面用石材铺装，还装饰了超级华丽的吊灯，让人联想到上流社会的社交场所。吧台位主要是年轻人居多，餐桌位既有中年女性，也有高龄的绅士，客人的年龄跨度很大，这大概也能证明有很多客人都是一直追随这里的吧。

　　苏格兰的百龄坛和铁骑士威士忌、时代波旁威士忌都只要200日元，从没见过这么便宜的价格，当然要把这三种酒轮着都喝一遍了。这里的鸡尾酒也很地道，老客人一般会无视200元均一价的酒，他们主要是为了某种鸡尾酒而来的。

左页的照片是雪花牛肉。1500日元能吃到这样的好味道，让人很惊喜。这里所有的菜品都非常花心思，摆盘也都相当漂亮，就连杯子垫都透着不一般的讲究。

药膳干果是用五种树的果实和水果干制作而成的拼盘，上桌时还会递给客人一张详细的说明。蔬菜条蘸酱是这里的固定菜式，也是酒吧开张时推出的第一款菜，真是历史悠久啊。

鹰酒吧里有专职大厨，所以能提供一些颇费功夫的菜品。餐厅的很多粉丝们每月都会特意过来品尝新推出的开胃菜，希望有朝一日能品尝到厨师制作的全套料理。

（KUNIROKU）

● **店铺资料**

鹰酒吧

03-3354-7700

住 新宿区新宿3-24-11关根大厦地下一层、地下二层 交 新宿站 营 17:30—次日0:40 休 年底、年初 餐位 吧台位24个、餐桌位26个（14桌） 吸烟 不可 预订 可以（限19:30之前打电话过来）刷卡 可以 客 30～40岁的男女 一人 少

新宿

从新宿站东口出来，店铺位于正前方阿尔塔商厦的后面

● **菜单**

本店名菜	
雪花牛肉	1500日元

推荐菜肴	
牛和扒牛里脊（150克）	2500日元

饮料	
生啤（优质麦芽木桶生啤）	800日元
百龄坛	200日元
时代波奇威士忌	200日元
应季鸡尾酒	1200日元

各种吃食	
生火腿鸡蛋沙拉	800日元
史特罗加诺夫牛肉饼	1800日元
凤尾鱼比萨	950日元
春卷配炸鸡	950日元

● **人均消费：2700～3000日元**

● **店铺寄语**

我们给了客人充足的空间去尽情享受欢乐时光。初次光临的客人也可以非常放松地在店里喝酒、聊天。

043

吃不撑的炸串套餐

新大久保

莫莫
莫莫

"大阪人真幸福啊,随时都能吃到好吃的炸串……"。如今,东京人对大阪人羡慕忌妒恨的时代已经过去了。这几年在东京,各种关西风味的炸串店层出不穷,热闹非常。

尽管如此,也不是说只要是炸串店就都是好的。搜罗好店本来就是我们这些食客的责任嘛。在这么多良莠不齐的炸串店之中,我非常自信地向大家推荐位于新大久保的莫莫。

在这家店,除了喝的之外,其他的都不需要自己点,吃的东西都是交给店里去安排的,食客只要放心地坐等就好,各种精心制作的炸串都会在最合适的时间端上桌。

基本套餐一共包括20种炸串,客人如果吃不下了,也可以随时叫停。但是真心推荐大家如果可以的话,一定要吃到最后一款天然鲱鱼子海带,那种一颗

左页的照片是刚出锅的炸基围虾和炸洋葱猪肉。大个儿的基围虾是店里最受欢迎的极品美味。酱汁只允许蘸一次,店主手写的注意事项很有说服力。

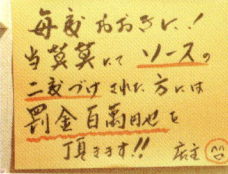

一颗在口中爆裂的感觉很特别,恰到好处的咸鲜口感一定会令你惊艳。

根据食材不同,有的炸串是不需要蘸任何酱料的,店家会推荐你直接吃。为了避免酱汁喧宾夺主、食客口感疲劳,还有一些食材会搭配上柠檬或花椒,赋予食材新的味道。反正只要按照店员的推荐来吃一定不会错的。在品尝套餐时,店员还会适时地为客人端来小葱和用茼蒿制作的拌菜,非常爽口、解腻。在不知不觉中,套餐就已经吃得差不多了。

炸串这种东西,吃多了有时会觉得胃胀不消化。莫莫家有一种叫作"Water Fryer"的特殊装置,可以防止油的品质下降,所以炸出来的串儿并不油腻,完全可以轻松、安心地吃完整个套餐!

(小关敦之)

● 店铺资料

莫莫

☎ 03-3371-0289

住 新宿区百人町1-24-8 交 新大久保站、大久保站 营 17:00—23:00(最后的点餐时间为22:30) 休 全年无休 餐位 吧台位10个,餐桌位10个(1桌) 吸烟 可以 预订 可以 刷卡 可以 客 10~50岁的男女 一人 少

● 菜单

本店名菜
炸串(20串儿,厨师推荐)4000日元

推荐菜肴
炸基围虾

饮料
生啤(朝日)·············· 450日元
烧酒(萨摩小姐)········ 700日元
清酒类················ 450日元起
各种沙瓦·············· 350日元
浊酒·················· 600日元

各种吃食
洋葱猪肉
小鸡
梅子鸡肉
天然鲱鱼子海带

● 人均消费:5000日元

● 店铺寄语

我们是一家炸串专营店,菜品就是20串儿的厨师推荐套餐。为了能和所有客人一起享用,口味清淡的酱汁是严禁二次蘸取的。我们都会考虑到不同食材的口味变化和应季食材,为客人安排最佳的品尝顺序。大冈山店今年四月份刚刚开业,欢迎大家光临。

* 20串儿的厨师推荐套餐,一位4000日元左右。

新大久保

从检票口出来,在大久保大街左转,往前走300米,在SUKI家的位置左转,穿过正对面的大久保站南口,进入右手边一条斜向的小路,走三分钟即到

045

丰富多彩的创作料理和讲究的清酒

[高田马场]

真菜板
真菜板

　　从高田马场站出来，沿着早稻田大街的坡道上行，你就能看到真菜板了，这是一家聚集了清酒爱好者的居酒屋。店铺只有十个吧台位，朴素的外观很像一家咖啡馆，大部分人在看到这家店之后都不会认为这是一家知名的居酒屋，但是居酒屋是不可貌相的，进入店内后，你立刻就会感受到其不一般的实力。

　　店主偏爱清酒，每瓶正宗的清酒都彰显出制作者鲜明的个性。菜品以适合下酒的创作料理为主，用玉兰菜和大葱做的烤奶酪球、用八丁味噌制作的炖牛肉、用通心粉土鸡和帕尔玛奶酪制作的奶油烤菜……全都是个性十足的菜品，特别是奶酪料理，非常适合搭配店里提供的各种清酒来食用。店主在清酒方面的造诣很深。食客们可以先点自己想吃的菜品，再让老板为自己选择适合搭配的清酒，这是在真菜板的最佳就餐方式。你可以通过与老板的沟通和闲聊，学到很多关于清酒的知识。客人以年轻人为主，而且女性客人也

左页的照片是烤土鸡和有机蔬菜，色彩丰富的蔬菜很抓人眼球。左边的照片是戈尔贡佐拉奶酪烤蘑菇，奶酪的口味非常浓醇，让人忍不住想要多喝两杯清酒了。

● 店铺资料

真菜板

03-3326-1198

住 新宿区高田马场3-33-3 交 高田马场站 营 18:00～24:00 休 周日 餐位 吧台位10个 吸烟 不可 预订 可以 刷卡 不可 客 30～40岁的男女（6:4）一人 多

● 菜单

本店名菜
烤土鸡和有机蔬菜 …… 1200日元

推荐菜肴
戈尔贡佐拉奶酪烤蘑菇　1000日元

饮料
生啤（Edelpils） …………… 500日元
清酒（开运）………………… 700日元
风之森　纯米吟酿………… 1100日元
十旭日　纯米吟酿………… 1100日元

各种吃食
烤土鸡和有机蔬菜 …… 1200日元
大蒜味噌烤土猪 ……… 1000日元
奶油煮培根、芦笋、通心粉（配烤鸡蛋）……………………… 1200日元
锡纸烤海鳗、葱、芦笋 … 1200日元

● 人均消费：5000～6000日元

● 店铺寄语

这里有产地直送的蔬菜和肉，还有手擀乌冬面等。我们提供的是可以安心享用的美食和最佳搭配的清酒，你可以慢慢品尝。店里都是个性十足的手工酿作清酒，就算是对清酒印象不佳的食客，也希望能来品尝一下。

不少，大多是因为仰慕老板的学识而来的，这里简直就是一所清酒学校。

　　店里的食材遵从自然，鸡肉是秋田县安保农场直送的自然饲养的比内土鸡，蔬菜是栃木县川田种植园栽培的有机时蔬，海鲜都是来自筑地市场或是产地直送的新鲜食材，每一个细节都不会马虎。大家可以先点一份应季的新鲜刺身和一种清酒，之后就顺其自然好了。清酒神秘世界的大门正向你敞开，欢迎光临！

（KUNIROKU）

高田马场

从早稻田口出来，在早稻田大街沿麦当劳方向前进，大约走十分钟即可到达，店铺就在大和运输的前面。如果你是坐公交车过来的话，可以在高田马场四丁目站下车

047

豪爽的老板娘今晚也在

目白

寿美礼
すみれ

  这一带的店铺开开关关都习以为常了，而这家开业30多年的目白老店却一直深受食客们的喜爱和支持。每当华灯初上之时，寿美礼便会在目白的一隅静静地等候客人的光临。走进店内，老板娘会热情地出来迎接，她看上去是一个非常健谈的人。

  店里的吧台布置得很有意思，此外还摆放着几张餐桌，整个空间让客人感觉很放松，心情也会很舒畅。这里的食物都是一些怀旧的传统菜肴，搭配也很合理。特别是当初"因为有益于健康"而推出的沙丁鱼料理，现在已经成了店里当之无愧的看家菜。

  最受欢迎的橙醋沙丁鱼丸（见上图），630日元，它浓缩了沙丁鱼鲜美的味道，是一道能让你爱上清酒的佳肴。接下来是一道油炸酥骨小竹荚鱼，630日元，刚炸好的小鱼在橙醋里"咻"地浸一下，温热酥脆。我喜欢从鱼头开始吃，越嚼越有滋味，真是唇齿留香啊，这时候来瓶啤酒是最爽的。说到啤酒，

夕阳西下，店铺在小街的一角发出温暖的光芒，它就是寿美礼。

我总是习惯性地要生啤，老板娘这时会在一旁说："瓶装啤酒的价格一样，分量还多不少呢，点瓶装啤酒吧。"这让我都有点儿怀疑自己的耳朵了。

就这样，客人一个个都沉浸在居酒屋惬意的氛围中。在座的一帮男客人突然说："劳驾给我们算个命吧。"老板娘也不会觉得唐突，一会儿就客气地过来说："久等啦。"然后就开始询问客人的出生年月日、血型等，再偷偷看一下手里的资料。如果碰巧说对了什么，那气氛就会一下子热闹起来。真是豪爽又有趣的老板娘啊！

每天都有很多人因为欣赏老板娘爽朗的个性而光顾小店，这么好的服务再加上丰富多样的手工菜肴，怪不得有那么多回头客呢。

（藤原法仁）

● 店铺资料

寿美礼

☎ 03-3952-3896
住 丰岛区目白3-14-6　交 目白站
营 16:30—23:30　休 周日、节日
餐位 吧台位4个，餐桌位14个（4桌）吸烟 可以　预订 可以　刷卡 不可
客 25～40岁的女性　一人 多

● 菜单

本店名菜
橙醋沙丁鱼丸 ········· 630日元

推荐菜肴
沙丁鱼黄瓜卷 ········· 735日元

饮料
生啤　中扎（札幌）······· 630日元
黑壹　芋烧酒（一杯）····· 525日元
初孙　纯米（一杯）······· 735日元
北秋田　大吟酿（一杯）··· 525日元

各种吃食
沙丁鱼刺身 ··········· 630日元
炸鱼饼 ··············· 630日元
油炸酥骨小竹荚鱼 ····· 630日元
海苔嫩煎鸡蛋卷 ······· 525日元

● 人均消费：3000～4000日元

● 店铺寄语

36年里，我一直是个爱为大家操心的母亲。我和大家都很随意，希望年轻人也能来放松地喝上一杯。

目白

从目白站出来，走到目白大街的另一侧左转，然后在多托尔咖啡馆那里右转即到

早上七点就开门营业的大众酒馆名店

[池袋]

福路酒馆
酒場 ふくろ

　　从池袋站的西口出来，步行一分钟，颇受欢迎的大众居酒屋福路酒馆就在一条通往东京艺术剧场的窄小巷子里。第二次世界大战之后，福路酒馆在车站附近的酒馆一条街开业，现在已经盖成了一栋三层的小楼，成为一家规模很大的酒馆。

　　两侧的小路上还有入口，居酒屋一层和二层都有很大的"コ"字形吧台，能坐下30位以上的客人。喜欢随性的中年客人总是把吧台位挤得满满的。三层是餐桌位，也有日式房间。一层早上七点就开门了，一早就馋酒的客人们陆续从各处涌来。

　　菜单上的品种特别多，只要是一般居酒屋有的菜这儿基本都有。总之就是应有尽有，每种菜又都便宜得惊人。通心粉沙拉和杂碎汤是每次必点的开场菜，等这两道菜上来时，也正好可以接着点了。要看完墙上密密麻麻写着菜名

店铺资料

福路酒馆

📞 03-3986-2968

住 丰岛区西池袋1-14-2　**交** 池袋站
营 一层7:00～23:00，二层、三层15:00～23:00　**休** 无休　**餐位** 吧台位70个，餐桌位44个（11桌），日式房间限20人　**吸烟** 可以　**预订** 可以　**刷卡** 不可　**客** 20～50岁的男女　**一人** 多

从国铁池袋站南口出来，往右手边走，在路过一家卡拉OK店后右转即到

在吧台位置就座的都是老客人，总能听到他们在聊得投机时发出的爽朗笑声。炸火腿和豆腐炖杂碎是这里人气菜品，非常适合作为下酒菜。

菜单

本店名菜
扎火腿　　　　　　　　350日元

推荐菜肴
豆腐炖杂碎　　　　　　450日元

饮料
生啤（朝日）……　大扎650日元，
　　　　　　　　　中扎400日元
瓶装啤酒（朝日）……　450日元
清酒（大关）180毫升……260日元
瓶装烧酒（麦烧）……　190日元
南高梅梅子酒……　　　600日元

各种吃食
天妇罗拼盘……………　600日元
炖杂碎…………………　400日元
刺身四拼………………　800日元

人均消费：1600日元

店铺寄语

我们店所有的菜品价格都在350日元上下，就算肚子吃到撑，钱包也不会被吃瘪，所以就放心地来吧。每天都有从筑地市场采购的当日推荐菜品，每月第八日还有半价日活动，来我们店就餐的乐趣可多呢。一个人来也没问题哦！

的木牌着实需要花点儿时间。猪肉炖豆腐使用的是猪五花肉，肥肉部分融在汤汁里鲜甜可口。两人起点的锅料理也有很多品种，让人拿不定主意选哪款。

每月第八日是全部菜品的半价日。本来就很便宜了，还要再打五折，说句心里话，我真觉得没有必要了，但还是不由得要为这种一心为客人着想的精神点赞。虽然菜品的价格很便宜，但在烹调上却依旧精心。

苏打烧酒会把装着冰块的杯子、烧酒和苏打水分着端上来，客人可以按自己喜欢的浓淡随意调制。当喝到第二杯时，服务员还会再端一些冰块上来，这样周到的服务好像是在对客人说："请尽情地喝吧！"

（KUNIROKU）

洋溢着昭和风情的烤杂碎老店

池袋

男体山
男体山

　　在池袋站的东口，各家大型电器商城的价格战打得如火如荼。商城后面一条满是酒馆的小街，一到晚上就人流如织。这家以日本百大名山之一的男体山命名的居酒屋就坐落在这条小街的路口位置。从二楼挂下来的大红灯笼、直逼小街的烧烤烟雾是这里的标志，这是一家有点儿历史的烤杂碎老店。

　　在一层的吧台位就餐，每位食客最少要点五串儿烧烤，这是店里的规矩。每串儿的量都很足，所以建议大家来之前最好先空空肚子。每种肉类食材都可以选择盐烤或是酱烤，如果是自己喜欢的肉类食材，则可以两种口味都尝试一下。另外要想追加烤串的话也是两串儿起点。在吃肉的间歇，可以来一点儿店里自制的男体山腌菜品尝一下。这道腌菜是把胡萝卜和墨鱼干切成丝，腌成微辣的口味，胡萝卜本身的甜味和墨鱼干的咸鲜口感一拍即合，绝对是一道下酒的好菜。

推荐大家尝一尝烤杂碎配麦芽酒金宫烧酒组合。冰用的是既不易化又没有怪味的刨冰。左上图就是下酒小菜——特制的男体山腌菜,中间的图片是肝脏刺身。

如果还有战斗力的话,我极力推荐大家尝尝这道肝脏刺身。食客可以根据口味蘸上大蒜、生姜或者香油来吃,感受一下新鲜肝脏嚼起来"沙沙"的感觉。这道菜完全没有内脏的腥臭味道,就算是吃不了肝脏的人也可以大胆地尝试一下。

酒的话推荐品尝一下麦芽酒与一杯金宫烧酒的组合。用扎杯的话可以分出三杯来,酒量不大的话就会喝醉。如果你是在二层喝酒用餐,那离开时请一定要小心下楼的台阶哦!

（小关敦之）

● **店铺资料**

男体山

☎ 03-3982-1770
住 丰岛区东池袋1-41-14 交 池袋站 营 周一——周五16:00～23:30（仅二层营业至23:00）,周六16:00～22:30 休 周日 餐位 吧台位15个,二层餐桌位和日式座席35个（9桌）吸烟 可以 预订 可以 刷卡 不可 客 40～50岁的男性 一人 多

● **菜单**

本店名菜	
烤杂碎（五串儿）	575日元

推荐菜肴	
特制 男体山腌菜	365日元

饮料	
生啤（札幌）	545日元
麦芽酒金宫烧酒组合（三杯的量）	1000日元
苏打烧酒	345日元
大德利瓶 菊正宗	575日元

各种吃食	
特制 猪杂碎	365日元
特制 橙醋软骨	420日元
肝脏刺身	420日元
白萝卜沙拉	365日元

● **人均消费：2000日元**

● **店铺寄语**

在居酒屋竞争激烈的池袋,我们经营这家烤杂碎店已经40多年了。今后我们还会继续努力为大家奉献好吃的烤杂碎和好喝的清酒!

池袋

从东口出来后左转,当看到电器城BIC CAMERA在右手边进入它后面的一条小路,当看到池袋1-3-1旅馆在左手边时往前直走60米,店铺就在你的右手边

053

精选食材搭配50种地方好酒的满足感

大塚

一口闷大
ぐいのみ大

在这家店里,我们可以品尝到用精选食材烹制出的美食和多达50种的地方好酒。爱酒的老板只要一有空就会去寻访酒窖,或是到其他餐厅去研究菜单,每天都只是埋头琢磨酒,别的什么也不想。"我已经过全国150个酒窖了"。正如老板告诉我们的,店里的冰箱内装满了日本各地的好酒。除了那些众所周知的名酒之外,还有不少是老板"自己喜欢就买回来"的,所以食客们才有机会在这里品尝到五花八门的好酒。

负责接待客人的是既漂亮又亲切的老板娘。痴迷清酒的人都有"给喝过的名酒拍照留念的毛病",老板娘好像看透了我们这些人的小心思,每当有客人提出要求,她都会摆出习惯性的动作,将酒瓶上有标签的那面正对着镜头。喝酒用的片口小碗据说都是陶艺家手工制作的,满满一碗的量很足,比180毫升还要多。一旁的老板总是说:"喝酒嘛,要是没有180毫升的量进肚,总觉得还少点儿什么似的。"这

本日推荐的品鉴酒套餐，三款共980日元，非常划算。店里的清酒分为180毫升的和90毫升的，提供冷酒、常温酒和温酒，选择多样。美味的鲜鱼也不容错过，如本鬼鲉和丝背细鳞鲀。

话真是说到各位酒鬼的心坎儿里去了。

今天的凉菜是一道用心搭配的应季小菜双拼，下酒菜是用味噌腌制的大山鸡在烤箱里烤制而成的，售价是680日元。此外，还有池袋大桃的手工豆腐、神奈川秦野的无公害蔬菜等，各种搭配名酒的高级食材数不胜数。

话说今晚我们点的是一些难得吃到的珍贵食材，量都不大，总觉得没吃饱似的，就让老板给推荐点儿什么，说是有用砂锅里焖的北海道名牌大米做的饭团，这个可不能错过啊！松软热乎的饭团三口两口就下肚了，酒足饭饱，这个晚上过得真是太满足了！

（藤原法仁）

● **店铺资料**

一口闷大

☎ 03-3985-6668

[住] 丰岛区南大塚3-38-9 回声大厦一层 [交] 大塚站 [营] 17:30~24:00 [休] 周四 [餐位] 吧台位8个，餐桌位16个（5桌）[吸烟] 可以 [预订] 可以 [刷卡] 不可 [客] 20~40岁的男女（6:4）[一人] 多

● **菜单**

[本店名菜]
无公害 应季种植园蔬菜拼盘
　　　　　　　　　　880日元起

[推荐菜肴]
鲽鱼刺身 ………… 980日元

[饮料]
瓶装啤酒（优质麦芽酒）
　　　　　　　　　　600日元
白生啤酒（比利时）… 580日元
龟泉（90毫升）…… 430日元起
梅子酒 …………… 600日元

[各种吃食]
刺身三拼 ………… 1380日元
煮金目鲷鱼 ……… 980日元
牛肉土豆 ………… 600日元

● **人均消费：3500日元**

● **店铺寄语**

喝酒讲究"和谁一起喝"。那就来点儿美食，再来点儿美酒，和好朋友一起尽情享受吧！

大塚

从车站南口出来，往都营电车荒山线方向走，店铺在天祖神社前面50米处，左手边

讲究的老店，每道菜都好吃

巢鸭

加濑政
加瀬政

巢鸭高岩寺附近的日料馆加濑政，开业至今已有100多年的历史了，现在的老板是第三代传人。餐厅位于主妇们经常出没的巢鸭地藏商店街，这里的午餐也相当受欢迎。店里有餐桌位，不过晚上还是更推荐选择榻榻米的日式座席。在巢鸭一带，家庭聚餐的客人比较多，常常能看到一家人其乐融融地围坐在火锅边的情景。

餐厅主打的是青森的酒和料理，食材也都是青森产的。店里的名菜是每年十月下旬到次年三月上旬制作的鳕鱼锅。因为特别抢手，所有从九月开始就有食客预订十二月的鳕鱼锅了。从青森空运过来的鳕鱼品质非常高，都是常年合作的商户为店里特供的。还有七月、八月青森产的海胆，不使用明矾处理，都是开壳去内脏后直接食用的。

三月到十月的主打菜是鮟鱇鱼锅，九月是松茸锅，店里非常讲究选用最鲜美的应季食材来进行烹饪。在其他季节还会有素鸡锅、十和田签约牧场直送的

左页的照片是鸭肉锅,锅里是用鸭骨花三个小时吊的高汤。还有用米饭拌上生鸭蛋做的杂烩粥。本页最下面一张照片是夏季限量供应的海胆盖饭,有的客人一周会跑来吃三次。

马肉涮锅等。加濑政在食材的选择上绝不妥协,一定要挑选最满意的食材,这种精神让人钦佩。午餐的人气单品鸭肉盖饭不使用杂交鸭,全部使用的是放养的绿头鸭。鸭肉和鸭蛋都不通过中间商,而是直接从产地进货。鸭肉直接吃的话有点儿硬,所以会把鸭腿肉绞成馅儿拌上鸭蛋液,上面再盖一个生鸭蛋来吃,一碗饭要配上两个绿头鸭鸭蛋。

刺身三拼用的是从筑地市场采购的新鲜海鱼,腌鱼子都是直接向青森县的渔民购买的。还有不少像煮牛筋这种被埋没的极品。总之,这家店里的每一道菜都好吃,吃着吃着就吃撑了,要小心哦!

(KUNIROKU)

● **店铺资料**

加濑政

📞 03-3918-1286

住 丰岛区巢鸭3-14-16 交 国铁、都营铁路巢鸭站 营 中午11:30〜14:00,晚上17:30〜22:00(最后的点餐时间为21:00)休 周一(遇到节日改为次日)餐位 餐桌位8个(2桌),日式座席20〜25个 吸烟 分吸烟区和无烟区 预订 可以 刷卡 不可 客 40岁左右的男女 一人 几乎没有

● **菜单**

本店名菜	
鸭肉锅(一人份)	3150日元

推荐菜肴	
海胆盖饭(夏日限量)	2850日元

饮料	
生啤(札幌黑啤)	750日元
瓶装啤酒(札幌黑啤)	800日元
田酒(清酒)	1050日元
沙瓦类	650日元
梅子饮料	550日元

各种吃食	
贝壳味噌煮菜	850日元
鸭肉炭烧面	1250日元
自制蟹肉可乐饼	950日元
什锦天妇罗	1250日元

● **人均消费:午餐1600日元**
　　　　　　晚餐6000日元

● **店铺寄语**

除了鸭肉、马肉等肉类食材之外,海鲜和酒也都是从青森县直送过来的。餐厅自大正11年(1902年)开业以来,接待客人无数,有的就住在附近,有的是从很远的地方过来的。冬天推荐大家品尝一下用海钓鳕鱼制作的鳕鱼锅。

巢鸭　进入巢鸭地藏商店街后,步行五分钟左右,店铺就在你的左手边

057

待客周到的立饮酒馆深受女性顾客青睐

驹达

立吞广
立吞 ひろし

"我特别想要改变人们对于喜欢立饮的客人=大叔的印象",老板娘如是说。这家到处都洋溢着美感的立饮酒馆让老板娘的梦想实现了。果然如此,环顾四周,店内狭长的空间里不光有成群结队的大叔,女性客人的比例也不低呢。光这一点就完胜任何美食、美酒对我的吸引,在我选择店铺时,这里便成了第一候选。店里的灯光色调柔和,可以"让女性的皮肤看起来更加光润、细腻"。店里的每一个细节都经过了精心的设计,让客人能很快融入到轻松、愉快的氛围中,放松身心。

负责待客的老板娘据说是一个"做了45年家庭主妇的外行人",我听到的第一反应就是"开玩笑吧",因为她的确很会招呼客人。活力四射的老板娘和她那位沉默寡言的老公,是大家公认的天生一对。

老板娘在酒馆里忙前忙后地张罗着,催促着那些烂醉如泥的客人赶紧回

老板娘和她老公两人负责接待客人，后厨由一名专业的女厨师负责。有老顾客在网上说"希望大家看看卫生间被擦得锃亮的地板"，真是一语中的。

家，又陪心情不好的酒客聊天，开解他们。她就像是这里的守护者，一定是因为有她在，女性客人才能安心地光顾吧。

这里出品的下酒菜"装饰和摆盘都特别在行"，每道菜都能让客人心情大好，食欲大开。今天我点的是土豆沙拉（300日元）和炸豆腐（350日元），两道菜的色彩都很鲜艳，用红色和绿色作为点缀。细问才知道，店里负责料理的竟然是一位经验丰富的女性厨师，虽然有点儿吃惊，但也觉得合情合理。

这里的名酒没有高不可攀，这里的厨师也都亲切友善。所以在立吞广这样一家环境优美、食物可口的立饮店，你也可以在美食和美酒间尽情地释放自己。

（藤原法仁）

● 店铺资料

立吞广

03-5394-5168
住 北区中里2-2-1 交 国铁驹込站
营 16:00—24:00 休 周日、节日
餐位 立饮位20个左右 吸烟 可以
预订 不可 刷卡 不可 客 20岁以上的男女 一人 多

驹达

从车站的东口出来，沿着五月大街走差不多30秒，店铺在你的右手边

● 菜单

本店名菜	
炸豆腐	350日元
推荐菜肴	
炸鸡块	350日元
饮料	
生啤（朝日）	400日元
麦芽酒组合	350日元
嗨棒	300日元
沙瓦	300日元
各种吃食	
土豆沙拉	300日元
脆烤奶酪片	250日元
凉拌西红柿	200日元

● 人均消费：1000~2000日元

● 店铺寄语

我们店的价格非常实惠，菜品的价格几乎都在400日元以下，请大家放心享用吧！

059

量大的满分串烧欢乐享

田端

古龙屋
こたつ屋

　　这是一家使用炭火烧烤鸡肉、猪肉和牛肉的烤串店,最近几年才刚刚重新装修过,店里的环境清爽、舒畅。客人中既有来此聚餐的一家人,也有年轻的情侣,气氛和那些大叔成群的烤串店不太一样。

　　掌管后厨的店主曾在神田一带的美食店里接受过多种技能的培训。他做事干净利落,看他给烤串撒上盐,本来以为会一直站在烤台前,没想到他又麻利地把刚烤好的串烧端给客人。有的厨师喜欢固定自己的位置,始终和客人保持一定的距离,古龙屋却不一样。上菜的时候和客人闲聊的一两句,便有可能是提升菜肴品质的金玉良言。店铺的细心从上菜方面也能体现出来,今天我们两个人点了四串儿烤串,上菜的时候是用两个碟子各盛两串儿端上来的。后来又追加了一串儿烤肝,上来的时候碟子左右两侧都挤了一些黄芥末,真是非常贴心。店里挑选的食材主要来自宫崎,也有一部分来自东北地区和鸟取县。墙上

年轻的夫妇俩负责制作食物，另外他们还请了一位女生在这里打工帮忙。这里平时在晚上九点之后就很难有空位了。预约的话必须提前一天预约，而且五位起订。小木牌翻红了就说明该菜品已经售罄了。

挂着很多写着菜名的小木牌，据说"小木牌全部的数量是挂出来的三倍"，有售罄的菜品就会把相应的牌子翻过去，所以进店后的第一件事就是要好好看一下这些小木牌。

烤串的选材都很精良，每串儿的量也不小。一串儿起点，价格是120日元起。各种理由都让人不得不给这里打满分。

再唠叨两句，用筷子把串儿上的肉弄下来大家分着吃实在是太无趣了，烤串嘛，就应该拿着串儿直接吃才最爽、最好吃。

这里距离车站还有一段距离，不过走到这里来品尝一下美味还是非常值得的。

（藤原法仁）

● 店铺资料

古龙屋

03-3800-0075

住 北区田端新町2-26-4 交 田端站
营 17:00—23:00 休 周日、节日
餐位 吧台位6个，餐桌位11个（3桌），日式座席8个（1桌）吸烟 可以 预订 可以（仅限日式座席，至少提前一天预订）刷卡 不可 客 30岁左右的男性 一人 多

● 菜单

本店名菜	
烤鸡肉丸（一串儿）……	150日元
推荐菜肴	
烤软骨 ……	120日元
饮料	
生啤（麒麟一番榨）……	500日元
白兰地鸡尾酒 ……	300日元
麦芽酒 ……	400日元
酸鲸 纯米吟酿(180毫升)	600日元
各种吃食	
土豆沙拉 ……	300日元
煮杂碎 ……	300日元
肝脏刺身 ……	300日元

● 人均消费：2300日元

● 店铺寄语

我们的烤串个头特别大哦，肝脏刺身特别美味，大家一定要来尝尝。

田端

出车站北口过桥，从台阶向右下行，往尾久桥大街和明治大街的十字路口走，过了瑞穗银行尾久支行的第二间店就是

价格适中的军鸡料理

西日暮里

军鸡吉
しゃもきち

使用国产饲料培育的茨城名牌北浦军鸡是这家店的王牌食材。如果你想全方位地品尝到斗鸡各个部位的美味,不用犹豫,直接点主厨推荐的七种烤串套餐就行。在悠闲舒适的环境中长大的斗鸡,果然肉质弹牙,不仅没有任何怪味,而且汁水丰富、鲜美无比。套餐里的这些部位全都有单品销售,选择店里很有季节感的当日料理,再搭配几串儿烤串也不错。仔细研究一下墙上的黑板,一定能找到适合搭配地方美酒的一品料理。军鸡炖汤(两位起点)是这家店一年四季都能品尝到的人气美食(需要预约),浓稠的白汤汤底是用鸡骨架、鸡胸肉和鸡爪一起熬煮八个小时制作的。做好后放入冰箱冷藏,客人下单后取出部分高汤放入锅里端上桌。锅里一块块白色的固体在加热后会慢慢融解成乳白色的汤底,满满都是胶原蛋白,味道也特别香浓。这时可以把蔬菜放进去,待煮到入味后,就可以和鸡肉一起享用了。还有一道不能错过的美食,那就是军鸡亲子饭(见上图),

餐厅有可供宴会使用的区域，在打电话预订餐位时，一起选好套餐会比较从容。如果令你特别中意的清酒没有喝完的话，店家会用心帮你保管的。

原本只能算是配角的它，如今在主角中也是风头正旺的人气单品。高档斗鸡搭配味道醇厚的奥久慈鸡蛋，汤汁采用了和荞麦面馆的荞麦汁一样的做法，确实令人无可挑剔。

不管你是不是已经酒足饭饱了，只要拿起盖饭的勺子，你依然会风卷残云般地将盖饭吃光。

（藤原法仁）

● 店铺资料

军鸡吉

03-3807-8733

住 荒川区日暮里55-16-2大场大厦一层 交 西日暮里站 营 17:00-24:00 休 周日 餐位 吧台位10个，餐桌位4个（1桌），日式餐位20个 吸烟 可以 预订 可以 刷卡 可以 客 30~60岁的男女（7:3）一人 一般

● 菜单

本店名菜	
军鸡亲子饭	1050日元

推荐菜肴	
极品烤鸡肝串儿	368日元起

饮料	
生啤 中扎（札幌）	577日元
烧酒 佐藤（芋烧、麦烧，一杯）	735日元
清酒 张鹤 纯米吟酿（180毫升）	945日元
军鸡吉苏打烧酒	294日元

各种吃食	
纯肉串儿	315日元
鸡肉丸（酱烤）	294日元
味噌煮军鸡	420日元
鸡肉汤锅（军鸡锅料理，一人份）	2625日元

＊两位起点

● 人均消费：4500日元

● 店铺寄语

精选的优质军鸡，以最实惠的价格带给大家。军鸡的鲜美得在尝过之后才能体会得到，请一定不要错过哦！

西日暮里

从国铁西日暮里站南口出来，往西日暮里五丁目的十字路口走，在十字路口右转，沿着尾久桥路朝日暮里方向走大约一分钟，店铺在你的右手边

063

出类拔萃的鱼料理名店

日暮里

千富士
千ふじ

　　曾经在银座的并木大街开店，且身为高级日料厨师的老板，干这行已经快30年了。一进餐厅，首先映入眼帘的是见证了餐厅兴衰变迁而更显沉稳大气的吧台。吧台全长六米，木料用的是树龄长达350年的"正宗木曾产的日本扁柏"，光它就足以证明这是一家知名老店了。盛放食物的瓷质餐具也非同一般，全部出自历史悠久的知名窑口，除了备前烧，这里还有织部烧和志野烧。

　　今天我点的是厨师推荐全套料理（见上图），3000日元起。前菜三拼是餐厅的得意之作，"没有一样是现成的"。自制味噌的微苦口感向我们传达着春天的讯息，还有星鳗鱼冻和小蝶螺，这些制作起来都要费些工夫。接下来的刺身拼盘也都是些珍贵的鲜鱼食材，好吃到停不下来。早春的饭蛸（一种小型章鱼），就像它的名字一样，肚子里有饭粒一样密密麻麻的鱼卵。"很少见吧！主要是母的饭蛸比公的要贵一倍多呢。"和经验丰富的主厨聊天就是长知识

这家店在四年前从日暮里搬到了银座。这里出售真正的东洋鲈鱼,在东京市内也十分珍稀。不过这是季节限定品,要提前预订。午餐的菜单十分丰富,其中小沙丁鱼盖饭最有名气。

啊。最后一道菜是炸得很香、很脆的樱花虾和鱼白天妇罗。厨师推荐全套料理的每一道菜都是下酒佳品啊。此时我不禁想:"拜托厨师推荐真是英明啊。"

餐厅的菜单看上去不是很丰富,可是我觉得比起那些多得根本吃不过来的菜单,反倒显得更有智慧。店铺距离车站有点儿远,但是想要品尝到出类拔萃的极品日料,这可是你不能错过的一家好店。

(藤原法仁)

日暮里

从车站东口出来,沿着右手边的热情咖啡馆前面的路走一段,店铺就在尾久桥大街十字路口位置的青木大厦一层

● **店铺资料**

千富士

03-3873-1129

住 台东区根岸2-20-12 青木大厦一层 交 日暮里站 营 中午11:30—14:00,晚上17:00—21:00 休 周日、节日 餐位 吧台位6个,餐桌位12个(3桌),日式加座10个 吸烟 可以 预订 可以 刷卡 可以 客 40岁左右的男女 一人 一般

● **菜单**

| 本店名菜 |
季节性鱼料理

| 推荐菜肴 |
厨师推荐全套料理

| 饮料 |
生啤(布劳梅斯特) ····· 650日元
菊姬(180毫升)·········· 1300日元
鄙愿(180毫升)·········· 1300日元

| 各种吃食 |
生鱼刺身拼盘 ········ 3000日元起

● **人均消费:5000~6000日元**

● **店铺寄语**

我们会根据季节推出各种新鲜的鱼料理,因此不要只来一次哦,希望你能一整年都光顾这里,这样就能品尝到我们最拿手的应季鱼类美食了。

065

福井县乡土菜的专营店

[莺谷]

一张罗
いっちょらい

"一张罗"在日语中的发音是"ITTYORAI",在福井方言中的意思为"最棒的",这家店推出的是日本北陆地区的福井乡土菜。餐厅的装修典雅大方,单间数量多,设施完备,在此招待客人或是庆祝特别的日子都非常合适。当然一个人来也没问题,这里也有可以和厨师近距离接触的吧台位。

说到福井菜,肯定少不了腌青花鱼。将青花鱼先用盐腌制,再用米糠腌制,经过自然发酵,成为一种可以长时间保存的食品。餐厅会把鱼切成薄片,与白萝卜片搭配食用,水灵灵的白萝卜平衡了口味浓郁的青花鱼,是一道下酒佳品。还有福井南部的高级鱼料理一夜风干的长鲽鱼,也是不能错过的美味。先挤上一些柠檬汁,再用筷子把鱼肉从鱼骨上取下来,放入口中细品,温热、松软的鱼肉带有淡淡的咸味,什么也不用蘸,直接吃最好。如果想要锦上添花,再来一份鲜鱼刺身拼盘是最好不过的了。肉质紧致的竹荚鱼全鱼刺身,鱼

炸得脆脆的猪排蘸上用辣椒油调制的酱汁盖在热米饭上，这绝对是一道经典的美食。这里价格适中的清酒也有不少。

片的口感极富弹性，无敌的新鲜度连筷子都感受到了。想要吃出鱼肉的鲜美，蘸料很重要。"重口味的酱油会毁掉所有食材"，因此餐厅为食客们准备的是福井本地产的甜口酱油，它能让鱼肉的滋味更加温润、饱满，堪称最佳配角。还有用小鲷鱼制作的筱竹腌鱼、炸海白虾等，各种适合下酒的北陆名菜真是多得让人眼花缭乱。酒的话当然首推福井县名牌黑龙的全系列酒品。

餐厅有一部分菜品是非常昂贵的，不过沉浸在这样的美食空间里，怀念着自己的家乡，豁出去吃一顿是不会后悔的！

（藤原法仁）

● **店铺资料**

一张罗

03-3871-1881

住 台东区根岸1-8-3 莺谷K-1大厦二层 交 国铁莺谷站 营 周一—周四中午11:30—14:00，晚上17:00—24:00；周五中午11:30—14:00，晚上17:00—次日2:00；周六晚上17:00—次日3:00 休 周日 餐位 吧台位8个，餐桌位50个（11桌）吸烟 可以 预订 可以 刷卡 可以 客 30～50岁的男女 一人 少

莺谷

从车站的北检票口出来，店铺位于正前方药店大楼的二层，入口在铁道一侧

● **菜单**

本店名菜
女掌柜的福井方言

推荐菜肴
腌青花鱼 ……………… 780日元

饮料
生啤（朝日）……………… 580日元
黑龙 吟酿一张罗(180毫升) …………………………… 750日元
梵艳(180毫升)………… 950日元
黑龙 限量款雫(180毫升) …………………………… 2400日元

各种吃食
福井名菜酱汁炸猪排 … 680日元
煮腌萝卜……………… 580日元
越前海胆 …………… 1280日元
莲藕可乐饼 ………… 880日元

● **人均消费：4000～5000日元**

● **店铺寄语**

福井出身的人可以把这里当作是第二故乡常常光顾哦。不了解福井的人一定要来了解。福井有很多好吃的东西。午餐时间还有迷你酱汁炸猪排饭＋越前萝卜泥荞麦面＋福井家常菜、迷你天妇罗盖饭、迷你海鲜盖饭等套餐（各880日元）。

067

不知不觉就能待上很长时间的肉食立饮店

| 上野 |

角藏
カドクラ

很少有人会在立饮店这种地方久留，本来立饮店的魅力之一就是可以速战速决。不过角藏的确会让你不能不久留的理由。

这里是烤肉名店上野太昌园的系列店铺，因此肉食类的菜单特别丰富，这算是第一个理由吧。居酒屋的固定菜式烤串，这里应有尽有，一开始就"不知道点什么好"，真让人伤脑筋。烤肝脏、生拌牛肉，连只有烤肉专营店才有的内脏刺身这里都有，哪个都不想错过啊。除了这些，这里还有美式牛排和炭烤肋排，让人能够享受到大口吃肉的豪爽与畅快。这样的一份菜单摆在你面前，估计你已经失去判断能力了吧。很多人都会一下子点太多，最后又吃不下。

第二个理由是价格便宜。菜单从150日元起，超过500日元的在店里就是那种要加上一个"超"字的高级料理了。此外，酒的价格在这个区域也是数一数二的便宜，不比平时多喝几杯的话，实在觉得对不起自己。

招牌菜之一是猪肉摊煎饼，量大、味美，只需花很少钱就能填饱肚子，特别划算。店里从早上开门时起客人就川流不息，看着厨师在自己面前烹调，也很有乐趣。

所以，这里每天都挤满了上班族和白领们，热闹非凡。其实一个人在这儿喝酒也是不错的。吧台位置特别宽敞，店里还安装了三部液晶电视，保准你不会感觉无聊。

店里只接受现金支付，所以最好把万元大钞换成零钱再去哦。

（小关敦之）

● 店铺资料

角藏

03-3832-5335

住 台东区上野6-13-1 交 国铁上野站 休 无休 餐位 吧台位60个，餐桌位25个（5桌） 吸烟 可以 预订 可以（限餐桌位） 刷卡 不可 客 20～50岁的男女（7：3） 一人 多

上野站前面丸井百货的右手边是上野御徒町中央大街，沿这条路直走100米后右转即到

● 菜单

本店名菜	
生拌牛肉	350日元

推荐菜肴	
猪肉摊煎饼	450日元

饮料	
生啤（朝日）	350日元
麦芽酒（白、黑）	350日元
麦芽酒兑烧酒	150日元
大胡子牌嗨棒	300日元

各种吃食	
炖牛筋	150日元
串烤A5和牛牛肋肉（两串儿）	450日元
烤肝脏	300日元
大份刺身拼盘	1000日元

● 人均消费：1000日元

● 店铺寄语

我们是烤肉老店上野太昌园的直营立饮店，以最优惠的价格向客人们提供美食和饮品。我们会给客人提供新鲜出锅的菜肴，最推荐的还是肉料理。如果想慢慢享用美食的话，欢迎使用里面的"VIP ROOM"（贵宾餐桌位）。

集合了各种个性菜肴的新锐日料店

御徒町

青森汤岛
あおもり湯島

厨师长来自青森,餐厅从食材到菜谱都由他严格把关,在这里你有机会品尝到非常正宗的青森乡土菜。这里的菜肴极富个性,带有鲜明的青森特色,比如这道马肉刺身,里面包括雪花马肉、熏马舌、马肋肉等各种部位。调味用的是大蒜味噌,这款味噌由青森的一家公路休息站销售,经当地农户手工制作而成。吃的时候先取一点儿味噌放在马肉上,再蘸上青森餐桌上必不可少的源汁食用,排酸马肉与大蒜的风味一拍即合,将美味进行到底。店里提供的青森本地酒种类相当丰富,用这道马肉刺身下酒实属难得。

还有一道烤鱿鱼也是不能错过的美食。将八户直送的鱿鱼切成鱿鱼圈,再蘸上酱油拌的鱼肠酱进行烤制,也是一道下酒好菜,在鱼肠酱中加入大蒜可谓画龙点睛。吃过之后,不要忘记再点一道"主厨奶奶创意"的鱿鱼饭(西班牙风味),就是在刚刚剩下的汤汁中加入米饭和黄油,这种家庭式的做法不仅留

用青森产的日式蔬菜蘸着酱吃非常受欢迎。如果你已经吃腻了那些大同小异的餐厅，那就一定要来这里尝尝，个性十足的菜肴一定会让你会心一笑。

住了最后一丝美味，而且还在无意中成就了又一道完美的下酒菜。

　　在品尝过如此用心制作的乡土菜之后，很想再来一道煎饼汤。虽然已经很饱了，但吸满了鲜美汤汁的南部煎饼实在让人招架不住啊。这次点的都是单品，要是预约套餐的话，据说还会加入一些应季的食材，非常令人期待。

（藤原法仁）

● 店铺资料

青森汤岛

03-3835-8006
住 文京区汤岛3-37-3 RM大厦1-A
交 御徒町站、东京地铁汤岛站
营 17:00～23:00　休 周日、节日
餐位 吧台位3个，餐桌位16个（6桌）
吸烟 可以　预订 可以　刷卡 可以　客 30岁以上的男性 一人 少

● 菜单

本店名菜	
煎饼汤（大）	600日元
推荐菜肴	
烤鱿鱼	900日元
饮料	
生啤（麦芽酒）	500日元
津轻路啤酒	900日元
田酒 特别纯米（180毫升）	900日元
弘前苹果汁兑烧酒	500日元
各种吃食	
自制极品半熟醋青花	900日元
应季蔬菜蘸热酱	900日元
马肉刺身三拼	1200日元

● 人均消费：4000日元

● 店铺寄语
请一定来尝尝地道的青森酒和青森菜。

御徒町

从车站北口出来，沿春日大街往右走，穿过上野广小路后，再往前走200米，接着在堂吉诃德商店前面的路口左转，直走50米即到，店铺在你的左手边

071

老板独具慧眼创建的美食空间

秋叶原

殿
殿

殿是于2009年开业的一家主打美味料理的酒馆。店内空间宽敞，既有立饮席，也有餐桌位，客人可以自由选择。这里是一个汇集了美酒和佳肴，让人跃跃欲试的美食空间。

这里最受欢迎的菜肴是用从北海道打捞上来的天然扇贝制作而成的料理。用黄油和酱油制作的烤扇贝，超大的贝壳里聚集了各种美味！调味虽然简单，但是浸泡在汤汁中的扇贝却松软嫩滑，鲜甜无比，绝对是食材制胜的一道美味。要是想换换口味，可以品尝一下青森八户直送的当地珍品。少见的睡魔腌菜是将青鱼子、海带、鱿鱼、大萝卜用酱油腌制而成的青森特产，脆爽的大萝卜配上鲜美的鱼子，口感丰富，最宜下酒。横膈膜刺身（见右页图）也值得推荐，前面放着FUNDOKIN的甜口酱油，像是在说"请一定使用这种酱油"，温润的甜味最能激发出肉本身的鲜香。

从天花板上吊下来一个篮子,付账时直接把现金放进去,非常特别。立饮席那边也有很多充满创意的小机关哦!店名的殿字原来是指军队退兵时留在最后以防敌人追击的后卫。

正如宣传板上所说,其他想要"推荐的料理有很多",像金枪鱼头刺身、生拌鱼蓉之类吸引人的菜品实在是太多了!

这里的酒从麦芽酒到沙瓦,种类包罗万象,其中最值得关注的还是作为品酒师的老板精选出来的清酒。"为了保证酒的新鲜,平时一般就摆出来三瓶。酒的品种是轮换的,希望客人有机会能遇上自己不熟悉的名酒。"老板的这种做法很有心,也很内行。一般来说,各地出产的清酒,如果想要最好的口感,一般得在开瓶后不久的那一小段时间内品尝。

好酒好菜,再加上年轻店员充满活力的热情接待,怪不得店里每天晚上都是人声鼎沸、灯火通明呢!

(藤原法仁)

秋叶原

从国铁秋叶原站的昭和出口出来,过马路后左转,在咖喱屋的位置右转,店铺就在你的左手边

● 店铺资料

殿

03-5829-6500
住 千代田区神田佐久间町2-22秋叶原再开发大厦一层 交 秋叶原站 营 16:30—23:30 休 周日 餐位 吧台位8个,餐桌位12个(1桌) 吸烟 可以 预订 可以 刷卡 不可 客 25~35岁的男性 一人 多

● 菜单

本店名菜	
烤扇贝	550日元
推荐菜肴	
炖菜	250日元
饮料	
生啤(优质麦芽酒)	350日元
补充能量的柠檬酸沙瓦	300日元
苏打烧酒	300日元
葡萄柚沙瓦	350日元
各种吃食	
装勇俊泡菜	350日元
烤鱿鱼肠	450日元
韩式海鲜饼	450日元

● 人均消费:2000~3000日元

● 店铺寄语

我们这儿是立饮店,希望大家能一起过来有说有笑地喝上一杯,消除一整天的疲惫。

平静气氛下的酒窖直营店

[神田]

樽平
樽平

　　这家餐厅总会带给我们一些小小的震撼。空气里弥漫着平静安逸的味道,令人就好像泡在温泉里一样舒适,似乎是在不动声色地向客人们传达着某种讯息。

　　樽平是山形樽平酒窖的直营店。樽平酒窖创立至今已经有300多年了,历史相当悠久,古老的酿酒技艺传承至今。这家餐厅是于1961年开业的,到今年正好50年。也许就是历史带给我们的震撼吧。

　　店铺一层的左侧是"コ"字形吧台位,右侧是餐桌位。独自来喝酒的客人很多,大多数是男性上班族,其中差不多有一大半是老客人。无论什么时候、什么心情,来到这里,都能让你舒舒服服地喝上一杯,如此强大的包容力是别处少有的。

　　坐在座位上,一边用湿毛巾擦着手,一边看墙上贴的菜牌,在和缓的氛围中,即使是为点什么菜而发愁的这一小段时间也是美好的。鹤冈直送的毛

店里的灯光让人感觉很舒服，每天一开门，就会有客人蜂拥而至。除了吧台位，二层还有能接待宴会的日式包间。

● 店铺资料

樽平

☎ 03-3251-4140
住 千代田区内神田3-13-2 交 国铁神田站 营 16:00—23:00 休 周六、节日 餐位 吧台位19个，餐桌位10个（3桌），日式包间能容纳35人左右 吸烟 可以 预订 可以 刷卡 可以 客 50岁左右的男女（8:2） 一人 多

从神田站西口出来，沿右手边的街道步行30秒即到

● 菜单

本店名菜
炖芋艿（使用米泽牛肉）……680日元

推荐菜肴
炖圆形魔芋 ……………… 450日元

饮 料
生啤（札幌）……………… 530日元
住吉（辣口）… 700日元(约270毫升)
樽平 ………… 700日元(约270毫升)

各种吃食
当季刺身…………… 780日元起
藜麦山药泥………… 530日元
烧蝗虫……………… 450日元
醋拌莼菜…………… 500日元

● 人均消费：2500～3000日元

● 店铺寄语

我们是山形樽平酒窖的直营店，也是一家经营了50年的老店。从酒窖直接送过来的酒，还有用产地直送的食材烹调出的菜肴是我们的特色。餐厅主要以东京东北部地区的料理为主，价格实惠。欢迎光临我们这家充满历史风情的居酒屋，这里会使你一天的疲劳一扫而光。

豆配清酒、山形县的特产圆形魔芋和炖芋艿都不能错过，特别要说明的是，炖芋艿里用的是米泽牛肉。在东京的东北部地区，各家店铺制作的炖芋艿都不太一样，樽平的炖芋艿中加入了牛肉，这应该算是山形风味吧。这道菜以芋艿和牛肉为主材，此外还搭配了口蘑、豆腐、胡萝卜、魔芋丝等，吃过之后会让人有一种说不出的安心感。

　　店铺提供的酒是来自樽平酒窖的名酒樽平、住吉、雪迎，这些酒只有直营店才有哦！

　　樽平这个名字来源于古老的山形方言，用来形容喝醉了却很舒服的一种状态。只有真正好的居酒屋，才能让客人体会到这种酒醉的感觉。这里就是！

（KUNIROKU）

075

专栏 1

独一无二的醉心之地
东京稀释饮料的世界

撰文+摄影　藤原法仁

20世纪50年代的东京下町

　　那时候进口酒要征收高额的关税,老百姓只能望洋兴叹,因此,当时大多数人主要还是喝成本很低的日本国产烧酒。可是说到酒的质量,以蒸馏技术已经相当成熟的今天来论,不过都是一些次品罢了。在这种情况下,人们肯定会想尽各种办法,让当时"作为威士忌代用品的烧酒"能够更好喝。因此,后来就有了东京下町独有的文化,"稀释饮品""应酬用碳酸饮料"等也出现了那个时期。

　　关于各种饮酒方式的形成和普及,各家说法不一,不过在"让便宜酒喝着顺口"这一点上,大家是有共识的。

有在烧酒中加入葡萄和梅子的浓缩果汁的做法，有为提升口感加入苏打水的做法，甚至还有为了增加口味的层次感而特别研发了一系列稀释用的碳酸饮料。就像是生物大爆发的寒武纪，伴随着各种失败的尝试，酒文化迎来了让人耳目一新的百花齐放的时代。

很多方式是在部分居酒屋里暗中进行的，就算是住在附近的人也大多不会察觉到，这一点也符合稀释饮料的特征。

[友情提示]
本文中主要介绍的是东京下町地区酒馆里供应的那些非常少见的酒，不涉及具有稀有价值的清酒、高价烧酒、各地的啤酒、鸡尾酒、碳酸饮料类。

令人折服的前人智慧
东京本土酒巡礼

酒在成就下酒菜方面立了功。这里按照酒的不同特征，将其分成六大类，同时介绍其中具有代表性的酒。

分类 A

烧酒 + 浓缩汁
一种为了让烧酒更容易喝，而在里面直接加入浓缩汁（果汁）的简单的酒。在东京酒馆老店比较多见的梅子稀释酒、葡萄稀释酒和牛奶稀释酒等都相当有名。在关西地区，有些老店会在以烧酒为主调的混合酒中加入姜汽水。

梅子(葡萄)稀释酒
一种为了让甲类烧酒更容易饮用，而在其中加入梅子或葡萄浓缩汁的酒。这种酒的特点是酒精味淡，口感好，容易一下子喝得太多，这点需要格外注意（拍摄地：位于东京都葛饰区的宇知多）。

牛奶稀释酒
在东京市内的酒馆里，这种酒从出现到现在已经有50年以上的历史了。这种酒去掉了烧酒本身的怪味，让香醇的奶味成为主调，口感浓郁、温润，喝起来感觉非常顺滑。有的店是根据客人自己的喜好来随意调配烧酒和牛奶的比例，有的店是直接将酒调好后再端上来（拍摄地：位于东京都北区的高木）。

077

分类 B

烧酒 + 苏打水 + 浓缩汁（嗨棒原液）

无臭无味的甲类烧酒如果只用苏打水稀释的话会过于单调，很容易让人生腻，因此饮料厂家纷纷致力于开发"稀释专用的碳酸饮料"，天羽饮料、神田食品研究所、后藤商店、合同酒精、水元饮料等就是其中具有代表性的生产者。轻盈的口感加上实惠的价格，一加一大于二的效应瞬间席卷下町。这种酒也成为烧酒嗨棒快速发展的一大助力。

下町嗨棒

主要指加入了天羽饮料生产的琥珀色浓缩汁（俗称 A 嗨棒原汁）的酒。大家对它有各种爱称，比如元祖嗨棒、特制苏打烧酒等。因为担心别处轻易模仿，所以商家自称使用的是"秘传浓缩汁"，配方在很长一段时间内都是保密的（拍摄地：位于东京都台东区的弥太郎）。

厚士忌

1950 年开始上市销售，拥有很长的历史。以果酒、利口酒等为主调，里面加入了中草药等调味饮料，也和苏打水组合使用。高级的甘甜口味与中药的苦味口感配合得恰到好处，让人百喝不厌（拍摄地：位于东京都台东区的弥太郎）。

神田嗨棒

略微有些不自然的特有着色是它最大的特点，和外观给人的感觉不同，它实际是偏辣的清爽口感。这款嗨棒和天羽的产品一起成为助力下町酒馆经营的知名配角。根据加入量的多少，口味上会有所不同（拍摄地：位于东京都台东区的弥太郎）。

分类 C

烧酒 + 专用稀释饮料

这就是现在市场上销售的沙瓦类饮料的鼻祖。由于受部分关注到此类酒的人气的中小规模饮料厂家和大型连锁店的助力，它很快在全国范围内得到普及。以老店博水社（沙瓦酒）为首的科达玛饮料株式会社、东京饮料合资会社等数家厂商的竞争非常激烈。

紫苏梅酒沙瓦

这个古怪的名字来源于梅子醋（Baisu）这个日语自创词。清爽辛辣的口感加上清新的紫苏香气，使它成为一种让人心情舒畅的饮料。说到与之搭配的菜肴，和精细的料理相比，滴着油的内脏系列应该更合适吧（拍摄地：位于东京都台东区的弥太郎）。

果味沙瓦系列

柠檬、葡萄柚、青苹果，还有梅子等，口味丰富，拥有与你期望的一样的清爽口感，非常适合搭配无臭无味的甲类烧酒。它还是一种能搭配所有白酒的万能饮料（拍摄地：位于东京都千代田区的殿）。

分类 D

烧酒 + 啤酒风味饮料

二战后啤酒还是一种高不可攀的饮品,作为啤酒的代用品而开发的多种饮料都拥有很长一段历史,其中最具代表性的有麦芽酒和沙瓦啤酒花系列。

麦芽酒

1948年7月15日诞生于东京的赤坂。名字源于"使用真正啤酒花制作的地道无醇啤酒",开始时叫"HOBBY",但由于发音不好听,就改为了"HOPPY(麦芽酒)"。这种饮料是作为啤酒的代用品被大家接受和喜爱的,特别适合搭配甲类烧酒,是下町酒馆的固定商品。麦芽酒也分生、白、黑、红等,种类丰富(拍摄地:位于东京都台东区的弥太郎)。

果味烧

一种口感厚重且略带苦味的烧酒稀释饮料。除了类似姜汽水的辣口啤酒口味,还有清爽的柠檬啤酒口味。上市年头不长,其前身是于1965—1974年开发的。同时,它还是一种不会伤害身体的无嘌呤饮料(拍摄地:位于东京都台东区的弥太郎)。

分类 E

烧酒 + 酒

一种在局部地区发展起来的饮料,就是以"甲类烧酒+葡萄酒""甲类烧酒+干红"的方式在酒里面加酒。为了更容易饮用,有的地方还会在酒里加入苏打水。

京都红色炸弹酒

以京都的什锦煎饼店为中心,人们喝了半个多世纪的本地饮料,是在烧酒里加入干红调制而成的。可以兑入加冰的威士忌或苏打水,还可以用葡萄柚果汁或开水稀释后饮用,享用的方式多种多样。甘甜的口感是它的一大特色(拍摄地:位于东京都墨田区的马力总店)。

赤

在千叶县的部分地区,这种饮料的饮用时间长达70多年,历史渊源颇深,是一种在20°的烧酒里加入12°葡萄酒的烈酒。和它的名字一样,这种酒略带一些红色,口感非常辣。加冰是常规做法,还有用水、苏打水或是乌龙茶稀释的做法。同系列还有一款叫作"金"的梅子酒(拍摄地:位于千叶县稻毛市的八角)。

079

分类 F

酒精饮料 + 碳酸饮料 / 其他

以苏打水和碳酸饮料来调整酒的口味，取名上比较追求风趣幽默的效果。比如以三轮弹珠汽水为代表的一类，可以搭配任意一种酒，商品涉及方方面面。如果再算上加入食材调味的，和本地鸡尾酒、果酒，那数量就会成倍增加。

下町香槟
在葡萄酒（主要是低价的干白）中加入苏打水，模仿香槟的口感。酒精度数低且口感温和是其最大的特点。还可以加入一点儿白兰地让香味更加浓郁。它被认为是在奥地利诞生的鸡尾酒 "Spritzer（德语为爆裂的意思）" 的东京下町版（拍摄地：位于东京都台东区的靶屋别馆）。

侍嗨棒
将清酒用苏打水稀释后，喝起来轻盈爽口的一种酒。它的优点在于口感温和，易于饮用，这是气泡清酒所不具备的。它还被称为清酒嗨棒、日式嗨棒、神风嗨棒等（拍摄地：位于东京都台东区的靶屋别馆）。

金鱼嗨棒
一种加入了食材的改良品种。因为其中放入了紫苏叶和红辣椒，看起来就像是水槽和金鱼一样，所以叫金鱼嗨棒。此外，加入了黄瓜，演绎出清新自然格调的河童嗨棒也很出名（拍摄地：位于东京都台东区的弥太郎）。

嗨棒珍稀品种巡礼

> 作为振兴地方经济的手段之一，制造出特色饮品的案例。

宇部嗨棒
一种在梅子酒中加入苏打水和樱花糖浆的酒。

柳可濑嗨棒
一种在以岐阜的县鸟（雷鸟）作为标志的苏格兰威士忌 The Famous Grouse（人气松鸡）中加入苏打水的酒，一般会用小碟盛上柠檬、生姜、黄瓜各一片端上来。

横须贺嗨棒
一种将威士忌和电气白兰地混合，再加入苏打水稀释的酒，也有用威士忌和梅子浓缩汁混合后加苏打水的做法。

仙台嗨棒
一种当地的鸡尾酒，俗称 Reggae Punch（雷鬼彭奇），是一种在乐加桃子味利口酒中加入乌龙茶稀释的酒。

< 拍摄地介绍 >

宇知多
东京都葛饰区立石　仲见世商店街
高木
东京都北区泷野川 7-47-1
炭火烤鸡　马力　锦系町总店
东京都墨田区江东桥 3-5-2 大塚大厦一层
八角稻毛店
千叶县千叶市稻毛区小仲台六丁目 17-2

能在东京品尝到地方酒的酒馆

地方酒不仅是在当地能喝到，在东京市内也出现了各种具有地域特色的独特饮酒法。这些饮酒法如今已经被大家接受和喜爱了。

可以在轻松愉快的环境中畅饮各种令人活力四射的酒。

稀释酒集中的加拉帕戈斯酒馆

台东区浅草
弥太郎
东京都台东区浅草1-27-10

这是一家位于东京下町的将各种地方酒齐集一堂的酒馆。除了生、黑、白等全系列的麦芽酒，这里还有厚土忌、神田嗨棒、电气白兰地等，店里总共有25种以上的酒争奇斗艳。店里不仅有这么多种类的酒，而且还有炭烤鸡肉、鲸鱼料理等丰富多样的菜看做后援，所以多点几种酒也没问题。

开发能力强大的下町酒研发中心

台东区浅草桥
靶屋别馆
东京都台东区浅草桥1-11-3 小柳大厦一层

馆长稻垣是"让便宜酒喝着顺口"理念的忠实坚守者。他运用五感创造出的作品有在干白中加入苏打水的下町香槟，有在清酒中加入苏打水的侍嗨棒，还有在电气白兰地中加入苏打水的闪电嗨棒，他那超强的开发能力担负着我们对下一代新产品的希望。

"现在是卧薪尝胆的阶段"，稻垣馆长说。接下来能否夺得创造未来的桂冠呢？

给味噌沙瓦配了搅拌棒之后，沉淀在杯底的裙带菜也不会漏网的。

就像是生物大爆发的寒武纪一般，出现了多姿多彩的沙瓦饮品

文京区驮木
兆治
东京都文京区千驮木3-31-15

这里聚齐了各种张扬个性的原创沙瓦，数量超过140种，令人惊叹。其中还包括时令品种味噌沙瓦，口感就像是无比冰凉的味噌汤。喝完之后，杯子底下总会粘一些裙带菜，真是一款让人又爱又恨的饮品啊。还有可以兼做餐后甜点的松饼沙瓦和年糕小豆汤沙瓦。"这都是(老板)一时兴起鼓捣出来的"一款又一款稀释饮品。

081

各地区著名的酒品

就像是扎根于不同区域的地方菜一样,每个地方都有用特有方法制作的并且得到大家喜爱的酒品。原材料自不用说,里面还加入了当地的风土人情,是在特有的土壤中孕育出的地方特色饮料。

广岛县的保命酒
这是一种由大阪的医生中村吉兵卫发明的药酒,于万治二年(1659年)在备后国的鞆城开始制造,由中村家代代传承并独家出品。现在有四个厂家都在生产这种酒,该酒拥有350年以上的历史,是一种令日本引以为豪的最古老的药酒。

山梨县的葡萄烧
二战后不久,日本便进入了将葡萄酒和清酒混合饮用的时代,人们赋予了它葡萄烧的爱称。如今物资匮乏年代的智慧已经被赋予了新时代的风貌。

京都府的赤酒
别名炸弹,主要盛行于京都的什锦煎饼店,是拥有半个多世纪饮用历史的地方饮品,是在烧酒中加入干红混合而成的,可以兑入加冰威士忌或苏打水,还可以用葡萄柚果汁和开水稀释饮用,方式多种多样。

东京都的电气白兰地
诞生于明治初年,从大正时代到昭和时代,伴随着浅草一带的繁荣,成为人们非常喜爱的一种饮品。该酒以白兰地为主调,在其中加入了葡萄酒、蒸馏酒、蓝柑桂酒、苦艾酒等调制而成,成为东京一带极具代表性的鸡尾酒。

福冈县的博多精酿酒
这种酒的制作方法是将精白米和糯米经乳酸发酵后,加入酒糟、蒸过的糙米和水进行二次发酵,再将发酵好且未过滤的酒舀出来使用丝绸过滤。据文献记载,在室町时代中期(1400年前后)开始有这种制法,该制法在各地都有较长的历史。

冲绳县的泡盛
烧酒的一种(乙类烧酒),是一种以糙米为原材料,使用加入黑曲霉的酒曲进行发酵,再经过蒸馏制成的蒸馏酒,是冲绳县的特产。

熊本县的赤酒
这是一种在熊本地区很普及的酒,是灰汁酒的代表之一。该酒以大米为原料,其制作工艺与清酒的一样,只不过需要在发酵完且未经过滤的酒中加入木炭来防止腐败。这是从古时候就有的一种制酒法。

下町 篇

传统气息浓郁的嗨棒鼻祖店

京成曳舟

三祐酒馆
三祐酒場

在这家居酒屋里，你能喝到下町酒馆里一直深受大家喜爱的琥珀色烧酒嗨棒。不对，不对，说"能喝到"对店家就太失礼了，因为这家店是最开始提供这种创意饮品的地方。店里一层主要是吧台位，二层是餐桌位，不管是一个人来喝酒，还是很多人聚会，都能找到合适的位置。

吃食基本上都是老板娘手工制作的料理。店里"为了能给客人们提供一些价格实惠的应季菜肴"，而将雇用薪酬高昂的厨师改为自己烹调。果然如此，抬头看一眼吧台，在漂亮的插花旁边，炖鱼、炖菜，还有各种应季食材轮番上阵，而且都是最实惠的下町价。

今天我很贪心地点了炖新土豆、鲣鱼刺身和马肉刺身。一个一个的土豆球放在小碗里，量可真不少，怀旧的口味让人沉醉其中。刺身类的品种特别丰富，打听后才知道，原来都是老板娘亲自去千住市场采购的（真是个勤快人

琥珀色的浓缩汁是多年秘传的配方，千万不要犯傻去和店家打听它的制法、进货途径之类的。这家店是从邻家酒馆发展起来的，不知不觉中才将重点放在了嗨棒上面。

啊）。精选出来的鲣鱼肉色彩鲜亮，口味绝对一流。

搭配这些美味的自然是被冠以"元祖"二字的名品烧酒嗨棒，它适合搭配任何一道菜肴。一说到用烧酒调制的嗨棒，马上会让人想到低价酒之类的。不过在这里，它却是承载着下町文化的一款佳品，希望大家都能来品尝一下。

（藤原法仁）

● **店铺资料**

三祐酒馆

03-3611-9801
住 墨田区京岛1-7-2 交 京成曳舟站
营 17:00～23:00 休 周日、节日
餐位 吧台位14个，餐桌位4个（2桌），二层有25个餐位 吸烟 可以
预订 可以 刷卡 不可 客 40～50岁的男性 一人 一般

● **菜单**

本店名菜
元祖烧酒嗨棒 ………… 300日元

推荐菜肴
马肉刺身 ………… 550日元

饮料
生啤 小扎（朝日黑生啤） 450日元
刘穗 大吟酿 ………… 1050日元
吉四六 ………… 420日元
三得利角瓶 ………… 525日元

各种吃食
炖菜 ………… 450日元
白灼小松菜 ………… 250日元
腌竹荚鱼干 ………… 800日元

● **人均消费：2000日元**

● **店铺寄语**
在我们这儿吃饭没什么讲究，不管是谁，都可以非常放松自在。

京成曳舟

从京成曳舟站出来，沿着大桥下面往押上方向走，走到铁道口左转即到

超实惠的菜单让你可以放心地点、点、点

平井

阿松
松ちゃん

这家店拥有将近30年的历史,是一家让平井一带为之骄傲的大众酒馆。固定的菜肴大约有90种,每天的推荐菜差不多有40种,酒类也有40种左右,这样强大的阵容绝对值得炫耀一番。

作为一名酒馆的常客,我首先点了一道米糠腌菜来测试餐厅的实力。这道菜里有芥蓝头、白萝卜、黄瓜和胡萝卜,价格实惠,食材多样,而且腌菜的火候正好,微酸的口感非常赞,在别处还真不容易吃到。

除此之外,每天都少不了的内脏类菜肴也非常值得推荐。肝脏刺身只需要花263日元即可品尝到,真是令人惊喜,而且菜品的色泽鲜亮、组织细腻,连内行老饕都赞不绝口。

我一听说信州直送的生马肉刺身(见上图)也只要525日元,就再也没法保持淡定了。再仔细一看,新鲜的竹荚鱼姿造是368日元!哎呀,竟然连手握寿司都有!

在冰箱里冷藏的各地清酒均为450日元起。加入苏打水的正统派下町嗨酒棒只需242日元,可谓良心价格。另外,米糠腌菜和烤内脏都可以打包成礼盒赠送给朋友。

就这样开始进入了疯狂点菜模式(让人食指大动的菜品实在太多了,一下子就失去了理智)。

点了这么多菜,配的酒也可以根据当时的心情随意选择。比如马肉刺身可以搭配从冰箱里取出来的冰镇南部美人,内脏可以搭配装在啤酒扎里的特质烧酒嗨棒,馅料丰富的鸡蛋卷可以搭配刨冰红酒。餐厅的服务主管是个非常聪明、干练的人,点菜的精准度很高,令人佩服,完全免去了客人们在等待上菜的过程中所产生的那种不安。

环顾四周,这里既有和家人一起来的客人,也有独自饮酒的客人。由于菜品种类多样,因此客人的层次跨度也非常大。在这样的店里聚餐,保准大家都能满意。

(藤原法仁)

● **店铺资料**

阿松

03-3638-1682

住 江户川区平井3-26-4 交 平井站 营 除周三外,周一——周六17:00一次日2:00,周日和节日17:00~24:00 休 周三 餐位 吧台位8个,日式加座10个(2桌),日式包间60位(11桌) 吸烟 可以 预订 可以 刷卡 不可 客 20~60岁的男女 一人 一般

平井 出车站南口,在日高屋的位置右转,直行300米,店铺在你的左手边

● **菜单**

本店名菜	
天然鲷鱼(生鱼片)	263日元

推荐菜肴	
肝脏刺身	263日元

饮料	
生啤(札幌)	525日元
南部美人 纯米(180毫升)	525日元
高清水	368日元
特制烧酒嗨棒	242日元

各种吃食	
茄子炒培根(自制酱汁)	368日元
铁板烤杂碎	473日元
韭菜炒肝	473日元
鸡蛋卷(自制酱汁)	315日元

● **人均消费:2500日元**

● **店铺寄语**

我们这里的上菜速度快,价格实惠,都是手工制作的料理,想吃就尽情地点吧!

能吃到荞麦面的绝佳之地

[浅草桥]

玉椿
玉椿

这是一家以"无法分割"的酒和荞麦为主题的居酒屋,其主厨善于烹调。黑色墙壁上发光的"玉椿"两个字,还有厚重的大门,让人不由自主地想要正襟危坐了。一层是以黑色为主色调且品位很棒的日式空间,二层是在原有格局设计的基础上进行了改造的餐桌座席。

这家店的就餐环境非常精致,菜品的价格也相当实惠。熏制料理是店里的招牌,其中的熏青花鱼(见上图)更是稳居人气榜榜首。"火候太大就会变得像鱼干那样丢掉水分",所以熏制的时间要比一般的短一些,保留鱼肉里的部分汤汁是这里的特色。鱼肉入口后脂香饱满、熏香醇厚,口中余香久久不散,让人忍不住想要多喝几口。

此外,这里还有软烂的炖五花肉、鲜嫩的大山土鸡等,让你能够体验到各种食材所带来的不同口感。运气好的时候,还能吃到老板自己钓的野生海

二层的餐桌区域保留了原有的天花板和窗格。能在这么高档的地方办聚会,组织者一定会觉得很有面子。

鱼。所以,每天都会更新内容的黑板一定要仔细研究一下。

"酒的品种太多也顾不过来",因此,店里每季都会更新不同品牌的名酒。只要某个酒窖入选了,店里就会将那里所有的酒都拿来与大家分享。

在这里喝着美酒度过一段幸福的时光,最后再点上一份荞麦面是这里最经典的吃法。"主角是酒,荞麦面是配角。"老板这样说。整个过程很完美。在居酒屋也能吃到这么好吃的荞麦面,真让人开心啊!

(藤原法仁)

● 店铺资料

玉椿

03-3863-0687

住 台东区柳桥1-6-1 交 国铁浅草桥站 营 周一——周六17:00～23:00 休 周日、节日 餐位 吧台位10个,餐桌位14个(3桌)、日式包间3个 吸烟可以 预订 可以 刷卡 可以 客 30～60岁的男女 一人 普通

浅草桥

从车站A1出口出来,沿着江户大街往神田川方向走,在神田川前面的红绿灯路口左转,店铺位于第三个转弯处的左手边

● 菜单

本店名菜	
熏青花鱼	780日元

推荐菜肴	
夏季限量毛豆豆腐	525日元

饮 料	
生啤 中扎(麒麟)	550日元
干白梅子酒	550日元
八重樱(荞麦烧酒,一杯)	550日元
泡波 三十度(泡盛,一杯)	1260日元

各种吃食	
鸭田藨汁儿荞麦面	880日元
腌鱿鱼冻	580日元
自制土豆沙拉配温泉蛋	680日元
烤杂交鸭配萝卜泥橙醋	1280日元

● 人均消费:3500日元

● 店铺寄语

男性客人自不用说,很多女性客人也会一个人过来,就因为喜欢我们店里的应季菜肴和酒。

在高雅的环境中品味上等的美酒

本所吾妻桥

峰屋
峰屋

　　这是一家继承了传统文化的日本料理店,在这里,你能够度过一段精致的时光。穿过用厚重的榉木大柱围起来的玄关,木结构的内部空间温馨而高雅。杉木吧台的手感很好,带给人一种舒适、惬意的享受。年轻的第二代店主曾在银座学习,将所学与从上一辈继承下来的技艺和口味相融合,才有了今天的峰屋。

　　菜单上除了有生鱼片、炖菜、油炸食品等传统的日本料理,每日更新的内容更是让人期待值爆棚。前菜不能量太大,否则后面难以继续,我推荐大家点一份珍味拼盘。我到访的这日正好赶上有海胆、红海参、海参肠、群马县产的水果西红柿和餐厅自制的大吟酿酒糟腌卡门贝尔干酪,这道拼盘不仅色彩搭配得很漂亮,而且还盛在做工精良的盘子里端上来。老板娘并不隐瞒"自己超级热爱清酒"的嗜好,而且她对清酒的研究颇深。餐厅不会强行向客人推销酒,

冷酒用片口小碗盛，温酒用烫酒壶盛。这里据说还有菜单上面没有写的秘密好酒，很值得期待。十一月至次年二月还能吃到河豚料理。河豚锅一人份起点。

你只需要说出自己的希望，他们就能准确地判断出你的喜好，并选出最适合的酒。

清酒会用锡制的片口小碗来盛，以使其特有的色泽和芳香气味能更好地体现出来，最关键的还是那种与生俱来的美妙触感。就着优美的酒器饮上一口酒，再配上一道绝佳的下酒菜，那这酒的味道可真就是更上一层楼了。

另外一道好菜是花椒芽烤星鳗竹笋，先给星鳗浇上秘制的酱汁，再进行烤制，然后配上竹笋和款冬花，是一道季节感十足的佳肴。

这里的酒和料理足以打动你的味蕾，掀起暖帘，一段幸福的时光正在恭候你的到来。

（藤原法仁）

● 店铺资料

峰屋

☎ 03-3622-4777
住 墨田区东驹形3-19-13 交 都营电铁本所吾妻桥站 营 17:00～22:00 休 周日、节日 餐位 吧台位5个，餐桌位12个（3桌），日式座席20个 吸烟 可以 预订 可以 刷卡 不可 客 40～50岁的男女 一人 多

本所吾妻桥

从A1出口出来，沿着三目大街向南走，在第三条小路右转即到

● 菜单

本店名菜
晚间小酌厨师推荐料理（五道菜＋一杯生啤）………… 1500日元

推荐菜肴
日式红烧肉（上州麦猪） 1050日元

饮料
生啤（优质麦芽酒）… 525日元
天明 本生纯米（180毫升）600日元
十四代 本丸 特别本酿造（180毫升）
………………………… 630日元
百年孤独（一杯）………… 735日元

各种吃食
山野菜天妇罗拼盘 ……… 840日元
珍味拼盘 …………… 1890日元起
煮海钓金吉鱼 ………… 3150日元
套餐 ………………… 4000日元起

● 人均消费：5000～6000日元

● 店铺寄语
请到我们店里来品尝各种应季的美食，站在我们店门前能看到天空树哦！

森下站一带讲究选用顶级食材制作美食的餐厅

森下

山登
山登

　　山登所用的食材自不用说，就连这里的调味料和料酒都讲究到了苛刻的程度。开业至今，这里已经成为一家深受本地人喜爱的老店了。四年前经过一次重新装修，餐厅入口和店内的装饰品位得到了提升，为食客们营造出一个更为精致、舒适的就餐环境。

　　这里不愧为一家擅长烹调的居酒屋，光看看菜单就已经让人跃跃欲试了，风干海鲜拼盘（最适合搭配清酒）、水饺（馅料肉多）、鸡肉丸子（从员工餐升级为人气菜品）、汤豆腐（使用自制调料汁的清淡美食）……颇为用心的文字解说好像是在说"来一份吧"，让客人们感觉既新鲜，又贴心。

　　每日更新的刺身拼盘为1500日元起，其中包括雪白的长枪乌贼和赤贝等，既考虑到色彩搭配，又会根据不同季节加入各种应季海鲜。长枪乌贼浓郁鲜甜的滋味弥漫在口腔里让人陶醉，这时候最想温上一壶纯米清酒，那叫一个美啊！

店里的清酒全部都是纯米酿造的，选取标准极为严格。曾得到美食界元老岸朝子女士盛赞的秋刀鱼盖饭是季节限定品，需要提前两天预约，大米浸满了鱼肉的油脂，真是极品。

吃过刺身之后，又想再来点儿肉了，于是我点了一份用总州三元猪制作的烤串。使用越南的特产盐烤制的猪肉鲜美多汁，在别处很少能吃到，可以配着辣椒粉和柠檬吃。这里独一无二的调味料可以说是支撑各种精致美食的幕后英雄。店里使用鸟取县直送的用葱白制作的醋来加工葱味橙醋，这可是"只有在山登才能品尝到"的稀罕物啊。酱油用的是埼玉县的弓削田酱油，无添加天然酿造。老板告诉我们就连店里使用的料酒都是纯米酿造的。每一个细节都不妥协的态度实在让人佩服。

（藤原法仁）

● 店铺资料

山登

☎ 03-3635-7504

住 江东区新大桥1-3-9　交 都营电铁森下站　营 17:30～23:00　休 周日、节日　餐位 吧台位7个，餐桌位22个（6桌）　吸烟 可以　预订 可以　刷卡 可以　客 20～60岁的男女　一人 少

● 菜单

本店名菜
应季铁锅焖饭（需要预约）
秋刀鱼、花蛤、生蚝…4000日元起

推荐菜肴
当日推荐的几道菜品

饮料
生啤（朝日熟撰）……………600日元
神龟（140毫升）……………600日元起
诹访泉（140毫升）……………600日元起
伯乐星（140毫升）……………700日元起

各种吃食
烤饭团泡饭……………………650日元
什锦煎饼………………………850日元
稻庭乌冬………………………500日元
金枪鱼盖饭　大岛风味微辣　小碗
………………………………600日元

● 人均消费：4000～5000日元

● 店铺寄语

请光临我们店，在舒适的氛围中慢慢品尝清酒。冷酒、温酒都有。
＊请不要带十岁以下的小朋友来就餐。

森下

从A4出口出来，沿着新大桥大街往隅田川方向走，在第二个红绿灯处左转，从拐角数第二家就是

搭配地方名酒且摆盘精美的特色料理

町屋

大内
大内

　　这是一家能够同时满足清酒控和鲜鱼控的好店。"和20多年前刚开业那会儿一样"，店里的地方名酒数量多达60种以上，可以算得上是这个领域的开拓者了。

　　要想将酒的味道充分展现出来，就得靠从"前任老板开的鱼店里采购"的各色鲜鱼了。除了常规的品种之外，这里还有六线鱼、飞鱼、无备平鲉和石鲷鱼等。据说这里总是备有15种以上的鲜鱼，真是厉害。

　　食材加工始终遵循"料理是用眼睛吃"的原则是大内一派的宗旨。老板认为"餐具的好坏直接影响到料理的品质"，最不可思议的是这里出品的每一道菜光是看看就已经让人觉得无限满足了。刺身拼盘将萝卜丝配菜立于碟中，周围又点缀了小竹叶、紫苏叶、海藻等，就像是一个华丽的盆景。遇到这样极富艺术感的摆盘，客人一定会由衷地感觉"吃掉太可惜了"吧。咖喱炖鱼也是一道让人感动到流泪的菜肴，鱼肉配以牛蒡和雪白的葱丝，充满了温柔的感觉。

这里全年无休，就算是临时起意的聚会也不会落空。有机会一定要和好友一起来品尝一下这里的刺身拼盘。

接下来轮到镇店名菜登场了，它就是季节限量供应的鲕鱼涮锅，3800日元一份。主角鲕鱼搭配了水芹、水菜、葱丝等，全都是口感脆爽的蔬菜，分量也特别实在，让人不禁怀疑"这真的是一人份吗"？锅底是放了很多柚子的冻雨火锅，肥美的鲕鱼口感醇厚，与清脆的蔬菜交替享用，真是幸福啊！每年一到季节，就会有很多焦急等待的常客杀过来，几乎可以说是每桌的必点菜。

（藤原法仁）

● 店铺资料

大内

03-3982-8436
住 荒川区荒川6-4-10创造町屋一层 交 町屋站（东京地铁、京城电铁、都电荒川） 营 17:00～24:00 休 无休 餐位 吧台位5个，餐桌位40个（13桌）吸烟 可以 预订 可以 刷卡 不可 客 40～60岁的男女 一人 一般

町屋

从东京地铁町屋站3号出口出来，过马路来到尾竹桥大街的另一侧，然后朝着都营电铁荒川线町屋站方向走，店铺就在你的左手边

● 菜单

本店名菜
所有刺身

推荐菜肴
应季美食

饮料
生啤（朝日黑生）……… 500日元
黑龙（180毫升）……… 1500日元
八海山（180毫升）……… 1000日元
真澄（180毫升）……… 550日元

各种吃食
大内炸 ……… 550日元
烤长茄子 ……… 850日元
稻庭乌冬 ……… 850日元

● 人均消费：3800日元

● 店铺寄语

在我们店里可以以最实惠的价格品尝到最新鲜的生鱼。

095

挑战令人难以置信的套餐

新小岩

阳喜多
ひき多

阳喜多的老板曾经学习过关西菜肴的烹调，这里的菜品是在日餐的基础上制作而成的创作料理。店铺外观雅致，内部清爽整洁。这里有吧台位、卡座，还有日式座席，不管你是一个人来，还是与家人、爱人同行，就算是集体聚餐，这里也都可以接待。

老板告诉我们，"过去这里是专营套餐料理的"，套餐内容要和客人交流后才能确定，因此全凭师傅的本事。此外，"套餐的好处是可以即兴发挥，在制作的过程中可以根据客人的喜好再追加一两道菜"，很有意思。正因为如此，点了相同套餐的客人，甚至可能会吃到完全不一样的东西，真是让人难以置信。

我也是做了心理准备去的，没想到单点菜单其实也相当丰富，完全没必要那么紧张兮兮的。

上菜时还会考虑到客人饮酒的速度，可见厨师经验老到。从很有季节感的

店里总是插着鲜花,用心为客人营造一个舒适的空间。菜单设计非常用心,就算是一个人光临也不会感觉无聊。所有的套餐都可以在最后追加一个525日元的米饭组合。

前菜开始,接下来是应季的鲣鱼、手工制作的烧麦、煮金目鲷鱼……每一道菜都像是专为下酒而设计的,让客人们欲罢不能。

"每个人的口味都不相同,可视觉感受就差别不大了",店里菜品的色彩搭配绝对没说的。当你品尝一道菜时总会想着"接下来是什么呢",并对下一道菜充满了期待。一旦你习惯并爱上了这种形式,很可能会上瘾。常客对这里都信任有加,乐得放手让老板来安排。想想每晚老板都要费尽心思地与各位老饕周旋,还真是有意思呢。

(藤原法仁)

● 店铺资料

阳喜多

03-3696-4503
住 葛饰区西新小岩1-9-2 交 国铁新小岩站 营 中午11:30—14:00,晚上17:00～23:00 休 周日、节日 餐位 吧台位5个,餐桌位12个(3桌) 吸烟 可以 预订 可以 刷卡 可以 客 40～50岁的女性 一人 多

新小岩

从北边的检票口出来,沿着商店街直走,在第二个路口右转,走30米,店铺在右手边

● 菜单

本店名菜	
每日更新的凉菜	1050日元

推荐菜肴	
套餐料理(随性)	3150日元

饮料	
生啤(朝日)	525日元
獭祭 纯米大吟酿(180毫升)	840日元
芋烧酒"传"	525日元
自制梅子酒	525日元

各种吃食	
土鸡沙拉	840日元
特制咖喱面包	840日元
鳗鱼柳川锅	1050日元
煮金吉鱼	3675日元

● 人均消费:4500日元

● 店铺寄语

请轻松随意地来试试我们的套餐料理吧,每天都会有很多应季的创作料理等待你的光临。

熊本县直送的马肉刺身配大豆酱油

[田原町]

一丁目一番地
一丁目一番地

在这家店里，客人可以品尝到以九州料理为代表的全国各地的乡土菜。在招牌菜单上"产地直送"的食材里，首推新鲜度出众的鹿儿岛土鸡和熊本马肉刺身，其中"有一半的客人都会点"的刺身六拼（见上图）是这里非常有名的一道菜。土鸡加马肉刺身是浓缩了肉类刺身魅力的一道菜，在配好的三款调料汁中，客人还可以自由地加入大蒜或生姜，调配出属于自己的独一无二的口味。烤土鸡鸡肝的制作相当讲究，这也是一款下酒的好菜。拥有这种品相鸡肝的鸡，100只里才出一只，非常难得，再配上熊本产的马肉刺身酱油、料酒和黄油一起烤制。烤好的鸡肝相当鲜嫩，你可以充分领略到其特有的酱状口感。

充分发挥了食材的特质制作而成的黄芥末莲藕既可以直接吃，也可以蘸上用淡味酱油和高汤混合而成的调料汁食用。清脆的口感和黄芥末特有的风味相得益彰，吃完之后可能又要多喝几杯了。

店里主要是地炉下凹式的日式座席和餐桌位。超大的餐桌位也可以像吧台一样使用。吃到最后还可以尝试一下店里用日本第一的米配日本第一的鸡蛋制作而成的日本第一的生鸡蛋拌饭。

此外，这里还有京都的百幸豆腐和用中标津猪肉制成的炸猪排、腌萝卜干等，全国各地的特色食材不胜枚举。

为了配合这里的料理，餐厅备的烧酒基本上都是清爽型的，用心可嘉。店里有这么多的特色料理，难怪能从众多居酒屋中脱颖而出，受到大家的喜爱。

（藤原法仁）

● 店铺资料

一丁目一番地

03-5828-13330

住 台东区西浅草1-1-13　交 东京地铁田原町站　营 周一—周六17:00—24:00，周日17:00—23:00　休 无休　餐位 餐桌位30个（7桌）　吸烟 可以　预订 可以　刷卡 可以　客 30岁左右的男女　入 少

● 田原町

从车站3号出口出来，一直走，店铺就在多托尔咖啡馆前面的小路上

● 菜单

本店名菜	
熊本直送的马肉刺身三拼	780日元

推荐菜肴	
日本第一的生鸡蛋拌饭（一人份）	450日元

饮料	
生啤（札幌）	450日元
麦芽酒套装	450日元
魔王（一杯）	750日元
整扎红酒	400日元
一藏 超辣口（180毫升）	630日元

各种吃食	
烤土鸡鸡肝	680日元
黄芥末莲藕	480日元
炸马肉	580日元
腌青花鱼泡饭	550日元

● 人均消费：3000~4000日元

● 店铺寄语
我们店使用的都是既新鲜又安全的食材，请一定来试试我们每日都会更新的美味菜肴。

御宿的老板娘亲自制作的正宗料理

浅草

木村
木むら

　　这是一家在浅草一带经营了二三十年的料理店，身材娇小的老板娘一个人忙里忙外，生意做得有声有色。菜肴的品种虽然不多，但是比起那些菜品繁多却良莠不齐的餐厅来说，这样不是更好吗？

　　说到店铺的料理，首推生拌鱼蓉，这可是在渔民家庭长大的老板娘的家传手艺，这道菜只有在客人下单后才开始制作，将大条的竹荚鱼用力捶打，据说这里"比别的店捶打的时间都要长"，那带有节奏的捶打声让人听起来心情愉悦。这道菜仅用葱、姜和味噌酱调味，看似过于简单，但只有在品尝之后才能发现，这浓稠深邃的口感再加入任何东西都是多余的。我不禁由衷地感慨："正是因为有了一等的功力，才能如此游刃有余啊。"

　　还有一道葱花青花鱼，也是在别处绝对吃不到的。将经过一夜风干的青花鱼进行烤制，在上面撒上白萝卜丝和葱花。千万不要小瞧白萝卜丝，当青花

岩之井的吟之舞，世界各国的名人都曾经品尝过。

被烤得呲呲冒油时，那恰到好处的咸鲜口味与白萝卜丝混在一起，真可谓极品美味，白萝卜脆爽的口感和大葱的辛辣味相得益彰。曾经有客人毫不客气地说："这个我在家也能做！"在其尝试失败之后又说："不行，总觉得哪儿不一样。"这时候老板娘便会一语道破天机："你缺少的是情感。"

酒选的是值得御宿向全世界夸耀的岩之井。在东京举办全球首脑峰会时，就是用该酒来宴请嘉宾的，是一种承载着日本荣耀的名品。那些钟爱稀少品种的清酒爱好者们一定要来尝尝哦！

（藤原法仁）

● 店铺资料

木村

☎ 03-3841-9459
住 台东区浅草1-14-1 交 东京地铁浅草站 营 17:00～22:30 休 周日、节日 餐位 吧台位8个，餐桌位4个（2桌）吸烟 可以 预订 不可 刷卡 不可 客 50岁左右的男性 一人 少

● 菜单

本店名菜	
烤鱼蓉饼	950日元

推荐菜肴	
葱花青花鱼	850日元

饮料	
瓶装啤酒（麒麟）	550日元
岩之井 冷酒（180毫升）	1150日元
岩之井 辣口（180毫升）	580日元
白鹰（180毫升）	480日元

各种吃食	
生拌鱼蓉	900日元
海渍鱿鱼	650日元
蓝背脂眼鲱鱼	500日元
旋瓜鱼	500日元

● 人均消费：3000～4000日元

● 店铺寄语

多年来，我一边和客人愉快地聊天，一边经营着餐厅。请一定要来尝尝千叶县的各种美味菜肴。

浅草

从车站3号出口出来，沿着雷门大街直走，在荞麦馆尾张屋前面右转，在第一个十字路口左转，接着再右转，店铺就在你的右手边

菜肴与纯米酒的完美结合

锦系町

井里
井のなか

在锦系町的井里，酒只选纯米酒，特殊的酒都是从酒窖直送的。温酒的温度控制很关键，同时还要使酒和菜能够完美融合。

像这家店这样酒和料理都非常丰富的居酒屋很少，所有的菜品都是为了饮酒而设计的，酒也会根据不同的菜肴调整温度。纯米酒具有适合各种料理的包容性。菜肴是介于日本料理和意大利料理之间的，用小碟子盛着的小份前菜，日式、西式兼有，总共18种。不少客人都是因为这些前菜而成了店里的粉丝，常客中年轻人很多也就不足为奇了。

店主工藤先生会亲自去筑地市场进货。因为都是他亲眼确认过的食材，所以店里的刺身品质绝对有保证。有时食材中还会出现他在市场上碰见的一些有意思的鱼。当我第一次看到用翻车鱼做的刺身时还吃了一惊。单吃的话没有味道，一点儿也不好吃，于是店主建议我"试试一边喝酒一边吃"。我喝了一口

这里搜罗了很多纯米酒，特别是竹鹤酒窖的竹鹤清酒品类最多，除此之外，还有桑原酒厂的扶桑鹤，这种酒将大米本身的醇香发挥到了极致。这些都是支持着餐厅经营理念的地道的纯米酒。

他推荐的酒，鱼的味道立刻变得鲜美起来，这大概就是纯米酒的魔力吧。组合的妙处在于深不可测。

主菜一般使用烤箱烤制，值得期待。烤羊肉需要将喜界岛的山羊和长野产的羔羊烤制六个小时。

店主在温酒方面堪称达人。将酒的特质发挥到极致的温度，直接决定了酒和菜肴之间的契合度。每次来井里都会发现其在不断进步，这里无疑将会成为东京极具代表性的居酒屋名店。

（KUNIROKU）

● **店铺资料**

井里

☎ 03-3622-1715

住 墨田区锦系2-5-2　交 东京地铁锦系町站　营 17:00—23:30　休 周日、节日　餐位 吧台位21个，餐桌位14个　吸烟 可以　预订 可以　刷卡 可以　客 20~60岁（年龄跨度很大）的男女　一人 多

● **菜单**

本店名菜
大号炸肉饼 ………… 850日元

推荐菜肴
即兴前菜小碟 ………… 1500日元

饮料
生啤　中（惠比寿）……… 600日元
扶桑鹤　纯米吟酿　雄町（180毫升）
………………………… 900日元
竹鹤　无农药　雄町（180毫升）
………………………… 900日元
旭菊　大地（180毫升）… 850日元

各种吃食
井里风味的盐渍海鲜 … 680日元
我的沙拉 ………… 1500日元
荞麦可乐饼 ………… 690日元
豆腐和豆腐皮做的奶油烤菜
………………………… 1050日元

● **人均消费：5000日元**

● **店铺寄语**
我们并没有在"纯米酒和日本料理"上停滞不前，这里也有加入了意大利料理的元素等，每天都有新的创意。请一定要光顾一次井里！

锦系町

从车站的北口出来，然后从警亭前面的路过马路直走，在第一条小路左转，店铺就在你的右手边

接地气儿的下町酒馆的高度浓缩版

押上

稻垣　押上店
稻垣　押上店

　　稻垣是1957年开业的本所稻垣的分店，如今在下町地区已经成为一家地位不可撼动的名店。店里有吧台位14个，日式座席36个，餐桌位28个。按说规模也不小了，可是每天一开门，这人就呼啦啦地坐满了，一直到关门（最后的点餐时间为23:30）都是熙熙攘攘的，热闹不减。

　　招牌菜烤杂碎是店里的骄傲，就算是常客，也"天天来都吃不腻"。这里的烤串个儿大、肉厚，都是由专业的师傅在炭火边精心烤制的，味道肯定错不了。其中烤鸡蓉串儿更是受到了不同年龄层客人的喜爱。先用鸡胸肉、鸡皮、洋葱拌上面包糠捏成棒状，再放在炭火上烤，将鲜味快速密封在里面，保证最佳的口感。烤杂碎的部位相当丰富，每种四串儿一份。如果是一两个人来就餐的话，也可以拜托店里弄成两个品种四串儿，这样一来，一个人也可以吃得很美。

　　如果是和小伙伴们一起来的话，推荐大家品尝一下中国风味的饺子锅，这

稻垣就在天空树的附近,这家店搬到押上一带已经有十多个年头了。错开高峰,每天刚一开门或者晚上九点后过来会比较好。反正绝对是又便宜,又好吃,所以多等一会儿也值得。

道菜品在夏天也照样供应。锅底使用的是用牛骨吊的清汤,饺子是手工制作的鸡肉水饺,锅里还加入了大葱、胡萝卜、白菜、韭菜、豆芽、香菇、白萝卜、豆腐等堆积如山的配菜。锅子咕嘟咕嘟地煮着,大家一起在锅里捡着吃,感觉关系也更亲近了呢。最后再点一些拉面放进去煮,汤里的美味精华可就一点儿都不会损失掉了。

虽然客人爆满,但是店里经验丰富的服务员依旧应对自如,点菜、上菜干净利索,让食客们个个心情大好。

(藤原法仁)

● 店铺资料

稻垣 押上店

03-3625-8895

住 墨田区业平2-17-8 交 京成押上站 营 17:00—24:00 休 不定休 餐位 吧台位14个,餐桌位28个(5桌),日式座席36个(6桌)吸烟 可以 预订 可以 刷卡 不可 客 20~50岁的男女 一人 多

押上

从车站的A2出口出来,右转即到

● 菜单

本店名菜
烤串(一碟四串儿)………… 400日元

推荐菜肴
煮杂碎 …………………… 300日元

饮料
生啤 中(朝日)………… 500日元
柠檬苏打烧酒 …………… 300日元
乌龙茶苏打烧酒 ………… 300日元
初恋(可尔必思苏打烧酒 + 梅子肉)
………………………… 400日元

各种吃食
炸鸡块 …………………… 600日元
辣白菜锅 ………………… 850日元
稻垣奶油烤菜 …………… 400日元
稻垣汉堡肉饼 …………… 600日元

● 人均消费:2500日元

● 店铺寄语

"串儿串儿用心"是本店的宗旨。每一串儿烤串都是精心烤制的。请一定来品尝一下,这里一定不会让大家失望的。

105

享受清酒新势力的和风空间

押上
醉香
醉香

　　店主原来是一名美食记者,在与餐饮店相关的出版界工作,后来突发奇想开了这间主打清酒的居酒屋。他希望充分总结、利用自己多年积累的经验,以"全新的模式"去经营这家店。他对一间建筑年代超过50年的酒馆进行了改造,在天花板和储物架等位置巧妙地保留了过去的痕迹,营造出一个精致的和风空间。店主笑称"这里不符合一般店铺的装修规范",但他的前瞻性令人佩服。这里可是一家需要提前预约的热门店哦!

　　清酒让这里成为一个可以让时间倒流的空间。两边的架子上摆的酒数量多达200种,据说里面还有一个冰柜,加起来约有300种酒,真是够惊人的。

　　这里不光是传承了复古的内部装修,而且在细节上也非常讲究。收藏多年的秋田产古旧餐具、京都的古董碟子和方盘,就连向客人展示时间的挂钟也都是老物件,店内的装饰可谓无懈可击。

制作熏肉和鲸肉料理是男人的工作，由老板负责，其他的菜品则是由老板夫人制作的。当夸她做得好吃时，她竟然说："我就是之前在料理学校学习过四年而已。"真是让人不可思议啊。

● 店铺资料

醉香

03-6657-0140

住 墨田区押上1-51-6 交 东京地铁押上站 营 工作日17:00—23:00，周六、周日15:00—22:00 休 周二以及每月第二个和第四个周一 餐位 吧台位8个 吸烟 不可 预订 可以 刷卡 不可 客 30岁以上的男女 一人 多

从车站的B3出口出来，沿着都道435往北走，在福太郎药店的十字路口右转，步行五分钟左右，然后在十轩桥大街的十字路口右转，店铺就在你的右手边

押上

● 菜单

本店名菜
超过200种的清酒

推荐菜肴
酒菜三种 + 一份酒 …… 2000日元

饮料
生啤（福佳白啤酒桶装生啤）
…………………………… 500日元
奈良万、长珍、神龟、寿喜心等季节性酒品和限量版 ………… 各400日元

各种吃食
自制的熏肉拼盘………… 600日元
樱花虾拌莲藕 ………… 300日元
琵琶湖产小香鱼的南蛮渍 400日元
小吃组合 ………………… 400日元
鲸肉的珍味拼盘 ……… 600日元

● 人均消费：3000～4000日元

● 店铺寄语

在我们这里，客人可以每种清酒都品尝一点儿，所有的酒都可以只点90毫升的量，价格是400日元。如果想去天空树玩的话，请一定来我们店里坐坐。

再来说说大家比较在意的价格。酒菜的价格一般都在500日元以下，主打的清酒（180毫升）的价格是700日元。而且为了满足有些客人"希望把各种名酒每种都尝一点儿"的愿望，店里所有的清酒都可以只买90毫升量的一小杯，价格是400日元，考虑得非常周到。如果你是第一次光临这家店的话，果断地点一份店铺推荐酒+菜组合应该是一个不错的选择。可以选一种冰凉的冷酒（90毫升），再配上五种季节性的小菜，真是没有比这个更划算的了。

这里搭配的料理个个都是下酒的佳品，而且样样都好吃，真是正中各位好酒客人的下怀。

（藤原法仁）

成年人的社交地，适合自斟自饮

锦系町

三四郎
三四郎

　　这家店于1951年开业，一晃几十年，三四郎已经成了一家名副其实的老店。店里弥漫着淡淡的怀旧气息，船型的大吧台是这里的镇店之宝。开业至今，这条大船载着无数客人前往微醺的美妙世界。白色的台面手感温润，听说它已经有60多岁了，真是让人难以置信。估计大家都会觉得这么多年一定曾经换过台面或者打磨过台面吧，其实都没有。对店员来说，这是上一代传下来的宝贵遗产，他们都会定期为吧台做各种保养。

　　店内的装修、陈设颇有韵味，环顾四周后要尽快落座。墙上挂着菜牌，像泥鳅锅、汤豆腐、凉拌大葱这样的古风料理占大多数，并没有时下流行的那些名酒。我先点了名品烤鳗鱼串儿，这是手艺精湛的师傅用炭火炙烤出的一道美味。据说"现在鳗鱼的小鱼苗很难买到"，所以店里一般都是将鳗鱼三等分。脆脆的油炸食品人气也非常高，好吃的秘密是使用了猪油，怪不得看起来量大，吃起来却很轻松呢。

用炭火烤的杂碎串儿很受欢迎。去得太晚的话，很多菜品就会售罄哦！最近年轻的女性客人明显增加了。

配上这样展示厨师手艺的料理，酒的味道也就更加沁人心脾了。特别值得一提的是，店里从开业以来延续至今的温酒名品非常棒，就算放凉了，口感也还是很不错的。温酒壶已经成了吧台上的一道风景，特别适合一个人自斟自饮。

面对面的这种吧台很有特色，有点儿像可以看到人来人往的那种开放式咖啡馆。这里的酒好，菜也好，但是最好的大概还是静静地观察着店里的客人，感受一份轻松与惬意的"舒适感"吧。

（藤原法仁）

● 店铺资料

三四郎

03-3633-0346

住 墨田区江东桥3-5-4 交 国铁锦系町站 营 工作日的营业时间是17:00—22:00，周六的营业时间是12:30—18:00 休 周日、节日 餐位 吧台位22个，餐桌位4个（2桌）吸烟 可以 预订 不可 刷卡 不可 客 20岁以上的男性 一人 少

锦系町

出车站南口，过京叶路，朝着两国方向走，在经过丸井百货后从小路左转，经过一个十字路口，店铺就在你的左手边

● 菜单

本店名菜	
烤杂碎（一串儿）	150日元
推荐菜肴	
烤鳗鱼串儿	300日元
饮料	
生啤（朝日）	600日元
烧酒嗨棒	420日元
关山（180毫升）	380日元
柠檬苏打烧酒	470日元
各种吃食	
拌墨鱼肠	210日元
烤鸡肉串儿	500日元
金枪鱼拌纳豆	570日元
竹荚鱼刺身	680日元

● 人均消费：2000～3000日元

● 店铺寄语

希望大家有机会来我们店里，坐在柏木吧台上吃烤串！

集下町酒馆的魅力于一身

[住吉]

卑下之平山
ひげの平山

　　这是一家位于住吉站附近的被大家喜爱了40多年的大众酒馆老店，年头长了，来店里的客人大家几乎都彼此认识。听店里的客人说，"每次过来肯定能遇见某个熟人，有点儿像大家聚在一起下棋的地方"。环顾四周，在这些常客当中混着一些带着孩子来吃晚餐的、学校活动之后顺路过来的客人，还有看上去像是来参加家庭主妇聚会的客人。这里的氛围说是酒馆，倒更像是一个家常菜馆。

　　说到这里的菜品，除了大叔们最爱的烤杂碎，还有刺身和炖菜，连姜烧猪肉和蟹肉奶油可乐饼都有，看来这里的菜品不仅丰富，而且还能满足不同客人的需求。卑下之平山之所以能有现在的地位，与使用当日进货的新鲜食材是分不开的，这种做法从开业之初一直坚持到了今天。

　　酒馆的必备品炖杂碎当然不能少。用味噌和高汤混合的汤底是上一辈传下来的，杂碎经过长时间慢炖，口感浓郁，回味无穷，是下酒的必点菜式。

之所以给店铺起这样一个名字，是因为上一辈的掌门人曾经在千叶县佐原的卑下之三平学习手艺。正宗烧酒的售价为390日元起，实惠的下町价格着实令人惊喜。

除了可口的菜肴，个性十足的饮品也是店铺生意兴隆的功臣之一。其中因"店主贪玩鼓捣出来"的鲜榨西红柿苏打烧酒已经是店里响当当的名品了。用扎杯盛上兑了苏打水的烧酒，将西红柿连皮一起搅拌之后直接倒在烧酒上面，一股类似草莓的香气便会扑鼻而来，喝起来更是清爽可口，最适合搭配重口味的料理，不知不觉就喝了好几杯了！

（藤原法仁）

● 店铺资料

卑下之平山

03-5624-0897

住 江东区毛利1-9-5 交 东京地铁、都营地铁住吉站 营 17:00～23:00 休 周一（如果赶上节日的话，则改在第二天周二休息）餐位 吧台位12个，餐桌位15个（4桌）吸烟 可以 预订 可以 刷卡 不可 客 20岁以上的男性 一人 一般

● 菜单

本店名菜	
鲜榨沙瓦	350日元

推荐菜肴	
烤鸡肉串儿（一串儿）	110日元起

饮料	
生啤（札幌）	489日元
达巴达火振（栗子烧酒）	390日元
卑下之平山（芋烧酒）	570日元
鲜榨西红柿苏打烧酒	420日元

各种吃食	
生肠辣白菜	300日元
炖菜	400日元
白水猪肚	390日元
土豆沙拉	390日元

● 人均消费：2000日元

● 店铺寄语

客人可以和厨师隔着吧台聊天，这是只有私营店铺才有的光景。上菜之前的闲谈也很有意思，所以一个人过来喝酒也是不错的选择哦！

住吉

从车站的B2出口出来，沿着四目大街朝锦系町方向走，在第一个红绿灯路口左转，走150米后见到红绿灯再右转，店铺就在左侧

专栏2

在吧台快乐地饮酒
今夜只为与你相遇而来

选择酒馆的终点站
接下来有三位吧台的深度爱好者要带领我们走进一个广博的世界,他们分别是藤原法仁,还有很早以前就在社交网站谈论关于吧台魅力的长谷川和之,他可以说是这个领域的先驱级人物,再仰仗因大爱吧台而成为一级建筑师的白石正伦的帮助,我们一定能发掘出更多、更新的吧台魅力。

吧台是主角

大家去酒馆的目的各不相同,有时是为了品尝奢侈的海鲜大餐,有时是想轻松、快乐地吃点儿烤串。不管是清酒、葡萄酒还是烧酒,也有人是为了一醉方休而来的。

还有一点希望你不要忘记,那就是已经和店铺融为一体的情调和氛围。那些留有岁月痕迹的日常用品,在不知不觉中让酒和菜多了几分滋味,让酒客们乐在其中,成了酒馆不可或缺的一部分,吧台就是其中的代表之一。在吧台位能近距离看到制作料理的全过程,还能一边和老板闲谈,一边喝酒。如果坐的是双排吧台,那么对面客人醉酒的酣态也算是一景吧,让喝酒更多了几分乐趣。如果坐的是"U"字形的吧台,那么大家可以围坐在一起彼此倾诉喜怒哀乐,让人不禁思绪万千。不管眼前摆着多好的酒和菜,如果感觉不到位,还是会觉得差了那么一点儿。道一句"今夜只为与你相遇而来",只因为你是今夜的主角。

〔藤原法仁〕

吧台的款待

白石正伦（一级建筑师）

我们日常饮酒时，都是抱着一种什么样的想法在喝酒呢？

大家也许不会想到，其实每个酒馆的吧台在设计上都凝聚了店主的明确想法和目的在其中。

我们日常生活中，吃饭或者办公使用的桌子、写字台和椅子都是有固定标准的。不同的模式对使用者所产生的效果也是不一样的。对像我这种爱喝酒的人来说，店主的想法、店内如何将舒适度最大化等，都会影响喝酒的情绪。

比如说坐在吧台边上，如果脚是悬空的，你会不会觉得自己坐在很高的地方呢？降低调酒师所站的位置，让他后面琳琅满目的酒正好落在客人的视线之内，那样就会非常便于客人选酒了。还有的酒馆会在吧台后面放上鸡尾酒等，由于容器比较高，正好可以挡住视线，从而不让客人看到操作台。在椅子的选用上也是各出奇招，如果选用的是那种没有靠背的椅子的话，那么基本上可以被认为是不希望客人逗留得太久。

当然，由于酒吧的形式不同，因此也有不少酒馆的吧台是那种比较低的，或是使用餐桌的。

吧台高度和座椅高度的关系
吧台高度减去25～30厘米＝座椅的高度

正因为有了这些区别和变化，我才会特别在意居酒屋、下町及乡村菜馆，还有大众酒馆的餐桌和吧台的样式。从材质上来说，应首选纯白色且质感清新的杉木、柏木等材料来制作吧台，在这样的吧台用餐，会让人感觉更加干净、卫生，白木之中用得最多的应该算是柏木了。即使只是一家家常菜馆，也能让客人感觉厨师的手艺差不了，是一家可以坐下来慢慢享用美食的餐厅。另外要注意的是，在使用白木吧台时一定要爱惜，小心不要把饮料、饭菜洒在上面。

根据酒馆所在区域的不同，有的店为了提升情趣，或者说为了更接地气儿，会使用用密度板制成的吧台。当然，最终的效果还是取决于它的酒和菜到底有多便宜吧。

吧台座位也不是都不适合长时间逗留的，从每个人享乐方式不同的角度来看，也有人会认为坐在吧台更放松自在。吧台决定了店里的整体氛围，因此都会将店主的想法发挥到淋漓尽致。如何去感受一家店的精髓，如何去理解一家店，这些也能成为佐酒的佳品。如果酒菜非常美味的话，当然能够锦上添花，不过最关键的还在于如何让自己融入到这个享受的空间中。希望大家都能找到一些很棒的吧台和馆子，有机会在那儿喝上两杯，一定会有不一样的感受。

（单位：毫米）

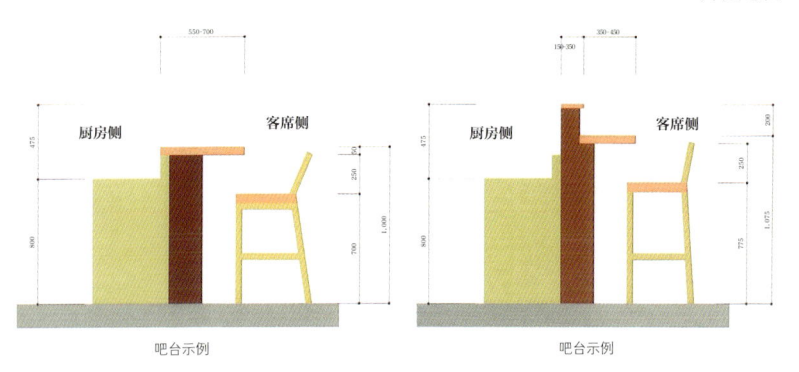

吧台示例

吧台示例

吧台控长谷川和之的分享

[在吧台饮酒的魅力 1]　　　　　　　　独饮的乐趣

想要归纳吧台的妙处，只用"孤独"一个词足矣。远离工作、远离家人、远离世间的各种羁绊，坐在吧台前享受只属于自己的时间，遵从自己当时的心情，在哪家店的吧台喝、点什么下酒菜、要不要再来一杯——不需要和任何人商量，就是这么任性。点到新鲜刺身的惊喜也好，最后多喝了一杯的烂醉也罢，所有的喜悦和后悔只属于自己一个人。环顾四周，也有和我一样在享受独饮的人。难道这世上还有比这更能让人感到快乐的事吗？

[在吧台饮酒的魅力 2]　　　　　　　　形状的乐趣

有时候只是因为口渴，就随便进入一家不知道是在哪条街上的居酒屋。一进店门，首先要观察一下为客人提供短暂休息和放松之所的吧台。简单地说，不同形状的吧台会带给客人不同的体验与乐趣。

直线形 / "L"字形
这两种是最为常见的吧台形状，大多是绕着后厨设计的。客人可以一边看着厨师忙碌，一边喝酒。别看吧台位置一开始是空着的，其实大多都是常客的固定座位，所以在选择座位时需要细心观察。从"L"字形吧台拐角的磨损程度就能看出居酒屋经营时间的长短了。

"コ"字形
"コ"字形的吧台是饮酒时的极致舞台。吧台三面坐着的客人都朝着吧台的中心举杯。如果对面坐着的客人和自己一样也是醺醺然的状态，那么坐在"コ"字形吧台边上的你就能既是观察者，也是表演者了。我们将吧台三边的长度和座席数一样的称为正"コ"字形吧台。

"二"字形
两个直线形的吧台，中间夹一块店员来往的空间。大多数客人都会避开正对面有人的位置来坐，所以自然地形成了一个锯齿的形状。不过当两边都坐满客人的时候，浑然一体的喧嚣正是其魅力所在。就是离洗手间比较远的那一侧有点儿麻烦。

船形 / 马蹄形
这类算是"コ"字形的变形分支。船形和马蹄形都是出自匠人之手的吧台，绝妙的角度让酒客们感觉更放松、更踏实，有时候还更容易让人喝得不省人事。客人们一个个化身船老大或是马上的骑手，喝起酒来也更加勇猛、豪放了。

俄罗斯方块形
将两个"コ"字形的吧台并排放置，便形成了一个"W"字形，还有的是将直线形和"L"形吧台组合，或是从五边形演变出来五角形等。这些形状的吧台就像拼图一样多变，难以分类，光是给它们起名字就够有意思的了。看客人们围坐在像俄罗斯方块一样多变的吧台前喝酒，也算是一道风景啊。

[在吧台饮酒的魅力] **3 点菜的乐趣**

欣赏完吧台的形状之后,接下来就要好好研究一下菜单上和黑板上写的推荐菜。关键是你打算在这家店里喝几杯酒。如果只是来喝个一两杯的话,那么点一道菜加一道鱼就足够了。如果这里还有油炸的吃食的话,那就不如喝上三杯吧……第一道先来个油炸的,配上啤酒或是麦芽酒,瞬间就会感觉自己的肚子和心情都被调动起来了。点菜的时机也很重要,是直接跟厨房里的师傅叫,还是和女服务员点,无论采取哪种方式,点菜时都得注意发音要清晰,要让对方能更容易地接收到你的信息,这样才比较安心。想要从头到尾喝得痛快的话,也要做到这一点。要是感觉旁边那人的酒菜更好的话,不如随机应变临时调整一下,反正全都是你自己说了算!

[在吧台饮酒的魅力] **4 观察的乐趣**

在吧台喝酒时,大多数人都会配上一本文库本的书,或是一张晚报,其实就算空着手来的话,你也绝对不会感到无聊的。清酒和烧酒的品类、制作苏打烧酒用的烧酒、筷子袋上的书法……可以看的东西多着呢。吧台上的插花是老板娘喜欢的吗?真能干啊……我将来也想像他那样喝酒……一个小时就这样过去了。

[在吧台饮酒的魅力] **5 闲谈的乐趣**

当喝完两三杯酒之后,店里的人也越来越多了。有新客人进来,马上就要判断是否需要大家挤一挤,为他腾出地方。坐在旁边的客人一边用湿毛巾擦着手,一边说"不好意思啊",我这边赶紧说"没有,不算什么"。在吧台喝酒的客人以一个人来的居多,很多时候就是这么挤一挤、挪一挪,大家就聊上了。说聊天也不过就是天气啊、时事之类无关紧要的话题。总一个人胡思乱想也有腻的时候,能有个人随便说上几句也不错。这种时候不要过分发表自己的意见和主张,要把话语权留给对方。这样的吧台交谈,最大的妙处就在于适度的距离感。

本文中列出的五点,只是吧台饮酒魅力的很小一部分。希望大家都能发现属于自己的吧台之乐,到那时,吧台时光就会成为你生命中不可取代的一部分了。

[知名的吧台酒馆推荐]

东十条　佐久

打开拉门的瞬间,客人的笑声便会不绝于耳。"コ"字形的吧台中间站的是人气超高的老板娘。她总是笑容满面,说话风趣又伶牙俐齿,着实让人喜欢。下酒菜推荐海鲜类的,都是老板娘一个人张罗,要是有一位客人点了,接下来便是"我也要""这儿也来一份"的声音此起彼伏。喝得太开心了,即使是1.8升的大瓶金宫烧酒,也下去得很快。这里的确是一家让人感觉很舒服的酒馆。

☎ 03-3914-7900　住 北区东十条1-21-3
交 从国铁东十条站下车,步行五分钟
营 16:00—22:00　休 周日、节日

北千住　藤屋

坐在只能容纳七个人的"L"形吧台边,眼前是一口做着炖菜的大锅,用八丁味噌煮出来的杂碎串儿是藤屋的名菜。喝的是烧酒里兑焙茶,冰都是现做的刨冰,很细腻。客人们喝完一杯又点一杯,和老板、老板娘聊得也越来越热闹。老板帅气,老板娘健谈,好多客人都是因为他们,才爱上了这儿的吧台。

☎ 03-3870-6677　住 足立区千住2-35
交 从国铁、东武铁路、东京地铁、筑波快线北千住站下车,步行八分钟
营 17:00—22:00　休 周日、节日

新小岩　高林

紫色暖帘上的"酒场"两个字刚劲有力。掀开暖帘进入室内,首先看到的就是工艺精细的用一整块杉木制作而成的吧台。吧台保留了木头原本的形状,流线型的边缘让客人感觉更舒服。风干海鲜配上加了强碳酸的口感巨爽的下町嗨棒,太美味了,一转眼就喝完了,这时候老板会给老客人免费续上一杯。店里到处都能看到岁月留下的痕迹,这是一家乡愁酒馆,时间在这里放慢了脚步。

☎ 03-3654-6314　住 江户川区松岛3-15-3
交 从国铁新小岩站下车,步行八分钟
营 18:00—23:00　休 周二

南千住　柊

澡堂子边上有一家知名的酒馆——直到我看到它时才确信无疑。从旁边的澡堂子走过来只要五分钟,我洗完澡后头发都还没干呢就跑过来,店里"ロ"字形的吧台旁坐满了老客人,大家在一个角落给我挤出了一块地方。一串儿80日元的烤杂碎都是特A级别的大串儿。一串儿起点,最适合那些独自前来的酒客了。围坐在厨房四周的客人个个都是一脸幸福的模样,这不就是名店最好的证明吗?

☎ 03-3801-8127　住 台东区三轮2-10-14
交 从东京地铁三轮站下车,步行五分钟
营 16:00—20:00　休 周六、周日、节日

五反田　阿若

一踏进店门，"美到让人窒息"的吧台瞬间便映入了眼帘，它是从1954年开始一直使用至今的杰作，这里面还有一段有趣的历史。当时酒馆附近有一个木材堆放处，有位专门建造神社的高级木工为了抵酒钱，搬来木料制作了这个吧台。用各种精致的餐具呈上来的炖菜，那个味道在家里是做不出来的，食材样样都是上等品，味道也足够让人惊艳的。

☎ 03-3491-6989　住 品川区西五反田1-25-5
交 从国铁五反田站下车，步行五分钟
营 17:00—22:00　休 周六、周日、节日

平井　酒乐

现在的老板是第二代传人，他继承了"前一代经营的日本料理"。吧台都用了超过40年了，承载着历史，是店里的骄傲。高高的天花板、芦苇装饰还有吧台旁的椅子，别以为这些只是一种复古的设计，这些可都是货真价实的老物件。整个空间里随处都能感受到往日的气息，值得您停留片刻，慢慢品味。

☎ 03-3684-2979　住 江户川区平井3-25-8
交 从国铁平井站下车，步行三分钟
营 17:00—22:00　休 无休

【精选吧台酒馆列表】

俄	浅草　狸	店铺在扩建时接出来一个五角形的吧台
直	浅草　山墙龟	一家令人惊叹的正宗昭和酒馆
コ	三轮桥　弁庆	适度的距离感让常客和第一次来的客人都感觉很舒服
L	南千住　大林	一家能够让人放松身心的安静酒馆
コ	一之江　康奈思酒馆	可以围着炖菜锅和名人老奶奶喝酒
コ	大岛　惠比寿	拥有一个世界文化遗产级别的暗黄色吧台
コ	大井町　浅野屋	在这里，你能欣赏到吧台之间通道的功能之美
ロ	沼袋　荷尔豪	在进店之后就要马上决定坐哪一排
L	吉仕　山城屋酒馆	活力四射的酒馆更适合一个人过来饮酒
コ	板桥　明星酒馆	这里的报纸堆积如山，鱼缸里养着金鱼，还有一个稍显混乱的吧台
コ	日暮里　泉屋	一家可以每天都光顾的安心酒馆
コ	青物横丁　鳗丸富	在这里，你可以一手拿着鳗鱼串儿，一手拿着酒杯
俄	自由之丘　金田	一所酒类学校，有很多名人都是从这里毕业的
コ	自由之丘　步坂	烟蒂就往地上扔，你可以在豪气十足的酒馆里尝鳗鱼串儿
L	钟渊　梁屋	在这里，你能看到极品下町嗨棒在吧台上留下的痕迹
俄	池袋　福路酒馆	你可以坐在改良后的大"コ"字形吧台边观察人间百态
俄	涩谷　富士屋总店	这里是麻利、干练店员的大舞台
コ	中延　忠弥	这里有极品盐煮鸡尾酒
L	新桥　仓岛	被烧烤台熏黑的吧台年代感十足
L	两国　增美屋	这里是用粉笔在吧台上算账的
ニ	和平岛　初音	这里有两个颜色不同且相对而坐的直线形吧台

コ……"コ"字形的吧台；ロ……"ロ"字形的吧台；L……"L"字形的吧台；ニ……"ニ"字形的吧台；俄……俄罗斯方块形多变的吧台；直……直线形吧台。

吧台专栏执笔人：藤原法仁、长谷川和之、白石正伦。

山手线环内和其他区域 篇

拥有130年历史的老铺将关东煮的技艺传承至今

东大前

吞喜
吞喜

　　在东京大学附近，有一家位于本乡大街的关东煮名店吞喜。这是一家于1887年开业的老店，它将关东煮的技艺传承至今。现在我们吃的这种在一个锅里炖煮多种食材的关东煮，就是由吞喜的二代店主首创的。从江户时代的田乐（酱烤豆腐、鱼片等）逐步进化成现在的关东煮的过程，可以说是一部吞喜的发展史。

　　关于关东煮食材的选用，这里与一般的店铺不同。白萝卜只有冬天才有，并且只供应四个月，一到春天，白萝卜就会被竹笋取代。如果能经常光顾这里，你就能品尝到四季不同的食材，感受季节的变化。

　　白色鱼糕卷也不多见。一般关东煮用的代替品麸子卷是用面粉做的，而这里是用鱼肉泥做的。虽然只是鱼糕卷的代用品，但鱼肉泥可是如假包换的。

　　晚一点儿的时候老板就会和客人们聊天。关于落语（日本的传统曲艺，类

左页的照片就是将各种食材小火慢炖的关东煮大锅。吸饱了汤汁的油炸豆腐团、鱼肉山芋饼、福袋、豆腐，样样都是极品。店内四处都洋溢着古朴、怀旧的老店风情。

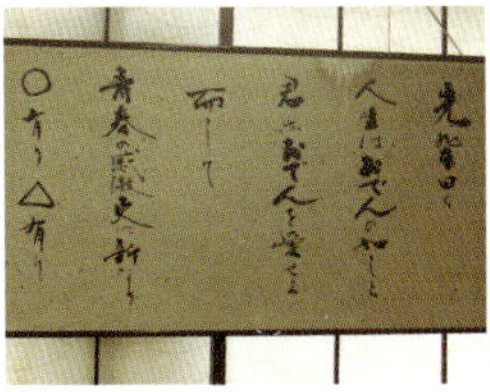

● 店铺资料

吞喜

03-3811-4736

住 文京区向丘1-20-6范米尔本乡一层
交 东京地铁南北线东大前站 营 工作日的营业时间为17:00—21:00，周六、节日的营业时间为17:00—20:30
休 周日 餐位 吧台位10个，餐桌位14个（4桌）吸烟 可以 预订 不可 刷卡 不可 客 50岁左右的男女 一人 多

东大前

从南北线东大前站的直梯出口出来，向左走一点儿，店铺在你的左手边

● 菜单

本店名菜
关东煮

推荐菜肴
信太卷 ················· 150日元

饮料
瓶装啤酒（麒麟、札幌）··· 680日元

各种吃食
真鱼糕卷 ············· 150日元
福袋 ··················· 360日元
油炸豆腐团 ··········· 200日元
豆腐 ··················· 180日元

● 人均消费：2500～3000日元

● 店铺寄语

希望大家能在我们店里吃得开心，吃得随意。欢迎你带着孩子一起光临本店！

似单口相声）的话题每次必有。据说落语的泰斗级人物也常来吞喜吃关东煮，因为很多在落语中出现的关东煮食材现在只有这里才有了。"信太卷就是因为狐狸喜欢油炸豆腐，由信太森林里狐妖的传说而得名。说到信太森林里狐妖的传说……"话匣子一旦打开，可就关不上啦!

吞喜与东京大学近在咫尺，很早以前就有教授、学生常会过来喝一杯。这里的酒，就算你什么都不说，上来的也都是烫过的。不知道是什么牌子的，但谁都不在意，主要是因为在这儿喝的酒味道都很好。

吃到最后肯定要来上一碗酱油焖饭，感觉不吃这个的话就像是缺了点儿什么似的。每到这个时候都是老板娘出来招呼，和她聊上几句也是很让人期待的。

（KUNIROKU）

酒和料理都是上等品！在这儿能喝到高级的酒

四谷三丁目

万屋托福
萬屋おかげさん

万屋托福是新宿大街上一家沿街的店铺。从台阶往下走，推开店门，一家活力四射的酒馆便会映入眼帘。客人的年龄层偏高，无论男女，个个都是既懂酒又懂美食的老饕。在这里，你看不到那些只凭一时兴趣而天天换居酒屋的年轻人，这里只有真正爱酒、品酒的人，好不热闹。

来到这里首先应该点一份刺身拼盘。为了使其能够更好地与清酒搭配，厨师会在这些刺身上下一番功夫。秋刀鱼刺身拌鱼肝是将肥美的秋刀鱼与鱼肝拌在一起，而麦秆熏鲣鱼里烤麦秆的清香则沁人心脾。季节不同，鱼的品种也会随时调整，不管点什么，都不会让你感到失望。煮毛豆、酱油炒鸡心、姜烧带骨鱼，这些都是我每次必点的菜品，这里固定菜式的口味相当稳定。地道的料理一定要有地道的酒来配，这家店选用的酒都是用心酿造的清酒。虽说都是同一个品牌的酒，但在这里喝到的一定是当年出产的好东西。店主很懂酒，算得

左页的照片就是根据不同季节而时常调整品种的刺身拼盘,和清酒可谓绝配。自制炸红薯和关东煮的点击率也很高。清酒的种类太多了,每次点酒时都会百般纠结。

上是专家级别的。点完清酒之后,他会让客人从篮子里选两只小酒盅,一只是圆口的深杯,一只是广口的浅杯。因为杯子形状的不同会直接影响到酒的味道,所以一定要选两只形状差异较大的酒盅。高木造酒使用自己开发的大米"酒未来"制酒已经有14个年头了,此外,还有用我喜欢的大米"爱山"制作的来福。一来到这里,你就会知道最近什么酒好喝了。

最后要点一份只放了盐的奢华饭团,饭团是使用小笠原天然海盐制作而成的,味道可口。饭团吃起来非常松软,手握的力道也为饭团增添了口感。店主自信地告诉我们,他们家的饭团可以说是全日本非常好吃的饭团之一了。

(KUNIROKU)

● 店铺资料

万屋托福

03-3355-8100

住 新宿区四谷2-10松本馆地下一层
交 东京地铁四谷三丁目站 营 18:00—22:15(最后点餐的时间) 休 周一、周日、节日 餐位 吧台位10个,下凹式榻榻米座席14个 吸烟 不可 预订 可以 刷卡 可以(仅限维萨、万事达卡、银联、大来卡) 客 40~50岁的男女 一人 少

● 菜单

本店名菜	
刺身拼盘(两人份)	约4620日元

推荐菜肴	
自制炸红薯	714日元

饮料	
生啤(麒麟中心地带)	630日元
日高见 纯米山田锦	893日元
奈良高 纯米中莹	788日元
来福 纯米大吟酿	1313日元

各种吃食	
什锦关东煮(五块)	945日元
姜烧带骨鱼	714日元
白灼时蔬	630日元
咸饭团	210日元

● 人均消费:7000~8000日元

● 店铺寄语

本店主打清酒、刺身和关东煮,客人们在这里吃得很愉快。来之前一定要记得预约,以便能在店里慢慢地享用美食和美酒。

四谷三丁目 沿着新宿大街走,到达在四谷三丁目的红绿灯位置,店铺就在松本馆地下一层

在筑地采购的美食和清酒

四谷三丁目

阿山
やまちゃん

位于四谷荒木町的阿山是一家超级火爆的居酒屋,通常在上半年的时候就已经将下半年的座位都预约满了。店主年轻时会在早上去筑地市场上班,到了晚上,他便自己一个人经营居酒屋。现在他已经辞去了在筑地的工作,专心经营居酒屋。店里的菜肴都是用从筑地采购的鲜鱼制作而成的,除此之外,这里还有上等的清酒。

店铺面积很小,只有八个吧台位和一小片日式座席。因为店里只有老板一个人忙活,没时间给客人上酒,所以只提供清酒无限量的厨师推荐套餐,价格为每人5800日元。这种经营方式原本是被现实所迫,没想到现在搞得想不火都难了。过来的客人都会预约好下次的就餐时间才回去,所以作为新来的客人,想要加入的话是非常困难的。要是想集体预约的话,估计只能包场了。要是偶尔碰上有人取消预约,被通知过来的客人也都会等订好下一次的餐后再离开,这样一来,很多时候都是朋友的朋友,原本也是自己的朋友,在这儿便又见面了。这种店的客人群体大多

左页照片里的炭火烤金吉鱼绝对可以惊艳你的味蕾。还有一道炭火烤樱鳟,保准让你吃得连渣子都不剩。既然是无限量畅饮,就不用考虑价格了,每款酒都能尝尝。

比较年轻。这里的女性客人很多,主要还是因为老板的性格比较温和、憨厚吧。老板还曾经在知名的酒业公司铃传工作过,自然会选出一些不错的酒来提供给客人享用。光菜单上写的就超过20种了,而且全都是品质很高的酒。这些酒要是放在那些品牌居酒屋里,一杯就得收1000日元吧,这里竟然是无限量的,真是令人难以置信。

既然老板曾经在筑地市场工作过,那这里的鱼料理肯定靠谱。老板对各种好吃的鱼都了如指掌,由他烹调的菜肴也很有男性的粗犷风格。生的虾直接端上来说:"剥了皮就可以吃了!"当然这也是最美味的一种吃法。如此豪爽,也是阿山的魅力之一。不好预约的阿山,如果有朋友邀请你同行,一定要果断赴约啊!

(KUNIROKU)

● 店铺资料

阿山

03-6457-7866
住 新宿区荒木町6-9卢米埃四谷一层 交 东京地铁四谷三丁目站 营 19:00—23:00 休 周日、节日 餐位 吧台位8个,日式加座8个 吸烟 不可 预订 可以 刷卡 不可 客 30~40岁的男女 一人 没有

四谷三丁目

从车站4号出口出去,沿着新宿大街往四谷站方向走,到达瑞穗银行后左转,直走150米,店铺就在你的右手边

● 菜单

本店名菜
炭火烤金吉鱼

推荐菜肴
炭火烤樱鳟

饮料
十四代 本丸
飞露喜 特别纯米
酿人九平次 纯米吟酿件山田
而今 纯米吟酿
八反锦 无过滤

各种吃食
天草诸岛产海鳗制作的海鳗涮锅
酱油煮金目鲷鱼
冬季马鲛鱼的火燎半熟刺身
自制豆腐

● 人均消费:5800日元
(包含酒类畅饮的均一价格)

● 店铺寄语
我在这里准备了最好的酒和鱼等待你的光临。

10种生蚝和700种以上的清酒

四谷三丁目

酒徒庵
酒徒庵

四谷的酒徒庵是清酒迷的聚集之地。店门口写着"本店是清酒专卖店，清酒以外的其他饮品一概不提供"，多么高调的主张啊！这是一家专为清酒爱好者们开设的餐厅，并拥有与之相应的无限潜能。

餐厅与超过500个酒窖有买卖往来，经营的清酒已经超过700种了。就算是同一品牌的酒，有时也会根据发酵时所使用的酵母不同而生产出好几个品种。当然并不是说酒的数量越多就越好，店铺提供的所有酒品都是经过严格筛选的，同时酒品的数量也是有限的。

店内分左、右两侧，右侧是吧台位，左侧是餐桌位。吧台后面有冰箱，里面是整排的清酒。对清酒爱好者来说，这里简直就是天堂。简易的餐桌位只配了小圆凳，从简朴的陈设上也能看出店主对酒一丝不苟的态度。

客人群体以年轻人居多，女性客人也不少。像红酒、清酒这种酿造酒比较符合女

Flight of Wharf 固定用来在干杯时喝，发泡浊酒让人联想到发泡红酒。在这个被窖藏酒所包围的空间里，总是会举办一些小型的聚会。

性的口味。我旁边就坐了两位女士，她们正一边喝着酒，一边大发感慨，看起来都是十分迷恋清酒的人。

　　菜品以生蚝为主。店里提供的产地不同的生蚝通常有十种左右。客人可以根据自己的喜好选择生吃、烤或蒸等方式来品尝生蚝，其他的推荐菜品还有罗勒土豆沙拉和奶酪酒盗等。除此之外，这里也有不少好吃的料理。

　　先点一瓶Flight of Wharf用来干杯。这是酒徒庵特别订制的纯米发酵酌酒。所有的酒差不多都是90毫升350日元，非常便宜。这里简直就是一个日本酒的宝库，来到这里，你一定能喝到好喝的酒。

（KUNIROKU）

● 店铺资料

酒徒庵

非公开

住 新宿四谷3-11第二光明堂地下一层
交 东京地铁四谷三丁目站 营 周一—周五的营业时间为17:00~22:30，周六、节日的营业时间为15:00~21:00（最后的点菜时间为20:00，最后的点酒时间为20:30）休 不定休，大部分时间是周六休 餐位 吧台位8个，餐桌位36个（6桌）吸烟 不可 预订 完全预订制 刷卡 不可 客 30~40岁的男性和20~30岁的女性 一人 多

四谷三丁目

从2号出口出来往右走，过了警务亭第三座大楼（地产公司）后右转，店铺就在日高屋拉面馆的地下一层

● 菜单

本店名菜	
罗勒拌土豆沙拉	550日元

推荐菜肴	
大蒜黄油炒生蚝	650日元

饮料	
里建山流 纯米（90毫升）	350日元
镜山 纯米（90毫升）	350日元
万口 纯米（90毫升）	350日元

各种吃食	
应季生蚝	350日元起
石蚝	350日元起
风干海鲜	800日元起
腌制珍味	550日元起

● 人均消费：5000日元

● 店铺寄语

本店是只提供清酒的清酒专卖店。店内禁止吸烟，香水涂得太多的人、不分场合吵闹的人、大声喧哗的人请前往其他餐厅用餐。因为我们这里是提供给客人安静地慢慢享用清酒的场所。

位于江户川桥地藏通商店街的老店

江户川桥

椎名
椎名

  这是一家始终把"手工制作"这个关键词作为经营核心的老店，店内装修极具本地特色。老板在闲暇时喜欢做木工活，店里从吧台到日式小屋，都出自他之手。

  墙上展示的密密麻麻的菜单具有很强的视觉冲击力，菜品的设计也让人耳目一新。Q弹的肝脏刺身、生鲸鱼肉刺身自不用说，这里的魔芋竟然都是将天然蒟蒻球茎擦成泥或粉碎后自己加工制作的，对食材没有丝毫怠慢。更加给力的是这里的价格，大部分都是300〜500日元，真是让人难以置信。笑容满面的老客人给我推荐了放在餐桌一角的七味辣椒粉，把这个撒在餐厅自制的叉烧肉上，那味道真是绝了！让辣味慢慢地渗透到气味芳香的肉里，能使美味翻倍。据说这里的干货"全都是用自己采购的生鲜风干后制作而成的"，真是让人佩服得五体投地。

  一等一的品质同样体现在酒上。颇受欢迎的洋葱沙瓦是经过店主反复摸

据说店里自制的干货受到很多老客人的追捧。哎呀，真羡慕住在附近的人啊。有了店主平日里的精心准备，才有了如今这么多老客人的支持与厚爱。正文中没有提到的新发酵纳豆和河豚鱼翅酒也是不能错过的佳品。

索、尝试后完成的，在别的店里没见过类似的饮料，老客人都亲切地叫它"小玉"。听说是在饮料中加入了洋葱浓缩汁，我战战兢兢地尝了一口，没想到味道清新爽口，的确很棒！此外，石榴汁和木瓜汁等也全部都是鲜榨的，绝对不会使用市面上销售的果汁。

从外面看，这家普普通通的店铺很容易被错过。如果你发现了它，一定不要犹豫，各色极品的料理和美酒正在静候你的光临。

（藤原法仁）

● **店铺资料**

椎名

☎ 03-3267-1510
住 新宿区改代町32 交 东京地铁江户川桥站 营 周一——周五的营业时间为16:00——22:00，周六的营业时间为15:00——21:00 休 周日、节日 餐位 吧台位8个，餐桌位16个（4桌）吸烟可以 预订可以 刷卡不可 客 40岁左右的男性 一人少

江户川桥

从车站的4号口出来，背朝神田川，沿着便利店边上的路往前走，到头后左转，走一分钟左右，店铺就在你的左手边

● **菜单**

本店名菜	
肝脏刺身	350日元
推荐菜肴	
鲸鱼刺身	500日元
饮 料	
瓶装啤酒（朝日）大	550日元
麦芽酒组合	400日元
洋葱沙瓦	350日元
河豚鱼翅酒	500日元
各种吃食	
凉拌魔芋	350日元
新发酵纳豆	350日元
炒面	350日元

● **人均消费：2000~3000日元**

● **店铺寄语**

这里大部分的菜品都不超过350日元，绝对可以保证大家开心心地吃饱肚子！

129

在安逸的空间里享受优雅一刻

成増

德兵卫
德兵衛

德兵卫是一个提供富山乡土菜和地炉烧烤的美食空间。店铺设计邀请了知名的设计师操刀，装修处处彰显品质。一进门，左手边有一个让清酒粉丝们垂涎三尺的专用储藏间，客人们可以自由出入，选择自己喜欢的品牌酒。

环顾四周，不禁让人心旷神怡，赶紧在吧台落座。这里的女店主老家在高冈，在这里可以品尝到地道的乡土菜，其中最具有代表性的是海带料理。富山的海带消费量雄踞日本之首，这里会将源于北前船文化的海带做成各种各样的美味佳肴。

我最先品尝的是一道产地直送的白虾海带糕。白虾素有"富山湾宝石"之称，这道虾糕里使用了大量的白虾肉，绝对是难得一见的珍品。虾糕在口中慢慢化开，海带的鲜香婉转、缠绵，令人回味无穷，酱油点到即止。还有一道海带卷鱼糕也是当地的特产，海带和鱼蓉的组合真是妙不可言，在口中越品，越觉得鲜美，绝对是一道下酒佳品。

地炉组合餐里汇集了各种新鲜食材，特别适合出现在合家欢的家庭聚会中。此外，这里还有将融化后的奶酪涂在土豆上的奶酪土豆等，吸引人的菜肴数不胜数。

接下来是富山关东煮，将各种从当地购进的食材放入用飞鱼和海带吊的高汤中煮，乡土味儿十足。在关东煮上撒一层擦丝海带是美味的秘诀，将海带放入高汤中与各种食材混合，便成就出一道极品下酒菜。

最后，为了向海带文化致敬，我点了一道擦丝海带包饭团。紫苏饭包裹在海带里，散发出一股浓浓的大海气息，这就是家乡的味道吧。

（藤原法仁）

● **店铺资料**

德兵卫

03-3939-4952
住 板桥区成增3-24-13 交 成增站
营 17:00—23:00 休 不定休 餐位 一层的吧台位13个，二层的地炉席30个 吸烟 一层不可以吸烟，二层可以吸烟 预订 可以 刷卡 不可 客 30岁左右的男性 一人 少

● **菜单**

本店名菜
地炉组合餐（两人份）… 3980日元
推荐菜肴
奶酪土豆 …………… 1500日元
饮料
十四代（各种，180毫升）1200日元起
黑龙（各种，180毫升） 750日元起
胜驹（180毫升）………… 900日元
各种吃食
石蚝………………… 900日元起
白虾海带糕 ………… 1500日元起
擦丝海带包饭团 …… 650日元

● **人均消费：5000日元**

● **店铺寄语**

店里专用的冷藏室里备有100种以上的清酒，大家可以自由选择，请一定要来亲自感受一下。

成增

从车站北口出来，沿着铁道线往和光方向走，从区里图书馆后面的酒馆前面的一条路进去，在第一条小路左转，店铺就在你的右手边

贝类爱好者的圣地

高圆寺

阿武
あぶさん

阿武的老板是一位资深的贝类爱好者,这家贝类料理专营店也被他经营得风生水起。老板开店的初衷是"想打破大家对贝类料理价格偏贵的印象",因此餐厅菜单上的价格都极为亲民。食材全都来自筑地市场和原产地直送,"通常都会有15~20个品种",真是让人跃跃欲试啊。

第一道菜推荐大家点每日都会更新的贝类珍味三拼(见上图)。给带子肉拌上两种味噌酱,从中还能隐隐地尝出一些蚝油的味道,风味与生拌鱼蓉有些类似。另外,这里还有闪耀着小心机的海螺肉拌盐渍海带丝和极品味噌腌鲍鱼肝脏。

如果纠结刺身点什么好,那么我推荐你点活贝拼盘,这道菜非常棒。我去的那天正赶上有Q弹的扇贝、色泽鲜亮的鸟蛤,还有清脆的象拔蚌,个个都是主角级的食材。看到这样的佳肴,最让人蠢蠢欲动的还是杯子里的清酒吧。店里都是

菜单上的厨师推荐套餐、烤贝拼盘、鲍鱼餐等重量级的选项比比皆是。日本酒每月都会更新一次。这里还有在东京不容易找到的箕面本地啤酒。

店主"自己觉得好喝的酒",所以一些价值很高的稀有品牌都能找到。对酒品的用心之精细着实让人佩服。

要选择最后一道主食了,贝类味噌饭团、贝类石锅饭等再一次将贝类烹饪进行到底。百般纠结之后,我选了一道贝类海鲜烩饭。配菜有杏鲍菇、圣女果,里面还加入了香葱和海苔,让人食欲大增。将米饭放入平底锅中炒制,待其吸饱了贝类鲜美的汤汁之后,再加入黄油、白酱油和椒盐调味,口感相当醇厚且富有层次感。

无所不在的贝类料理和那无与伦比的鲜美滋味,牢牢地拴住了贝类爱好者的味蕾,让他们插翅难逃。

(藤原法仁)

● 店铺资料

阿武

03-3330-6855
住 杉井区高圆寺2-38-15 交 国铁高圆寺站 营 17:30一次日3:00 休 不定休 餐位 吧台位8个,日式座席8个(2桌) 吸烟 可以 预订 可以 刷卡 不可 客 30～50岁的男女(6:4) 一人 多

● 菜单

本店名菜
刺身三拼 ········· 1600日元

推荐菜肴
烧烤三拼 ········· 1600日元

饮料
生啤(朝日超干) ····· 580日元
本月地方名酒 ······ 750日元起
滨崎太平次(芋烧酒,一杯)
················ 550日元
全酒曲发酵麦烧酒(一杯)···550日元

各种吃食
生拌贝肉 ·········· 480日元
鲜贝汁鸡蛋卷 ······ 600日元
肝脏味噌配饭团 ····· 250日元

● 人均消费:5000日元

● 店铺寄语
店里准备了多种新鲜的贝类,喜欢贝类的朋友请一定不要错过!

高圆寺

从车站北口出来,进入高圆寺纯情商店街,经过SUNKUS便利店后,走到尽头左转,再直行200米,店铺就在你的右手边

地图

山手线全线 篇

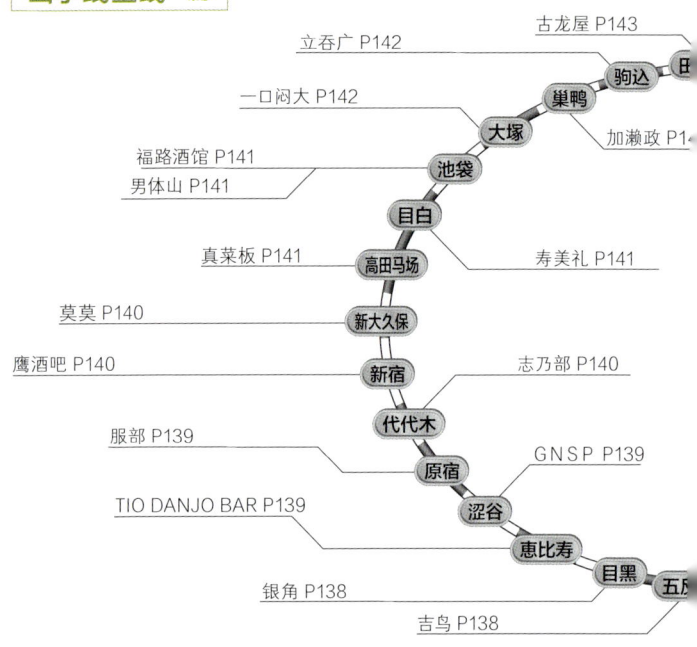

- 古龙屋 P143
- 立吞广 P142
- 驹込
- 一口闷大 P142
- 巢鸭
- 大塚
- 加濑政 P1…
- 福路酒馆 P141
- 池袋
- 男体山 P141
- 目白
- 真菜板 P141
- 高田马场
- 寿美礼 P141
- 莫莫 P140
- 新大久保
- 鹰酒吧 P140
- 新宿
- 志乃部 P140
- 代代木
- 服部 P139
- 原宿
- GNSP P139
- TIO DANJO BAR P139
- 涩谷
- 惠比寿
- 目黑
- 五反…
- 银角 P138
- 吉鸟 P138

下町 篇

三祐酒馆（京成曳舟站）P145
阿松（平井站）P145
玉椿（浅草桥站）P146
峰屋（本所吾妻桥站）P147
山登（森下站）P148
大内（町屋站）P146
阳喜多（新小岩站）P145

一丁目一番地（田原町站）P146
木村（浅草站）P146
井里（锦系町站）P148
稻垣　押上店（押上站）P147
醉香（押上站）P147
三四郎（锦系町站）P148
卑下之平山（住吉站）P148

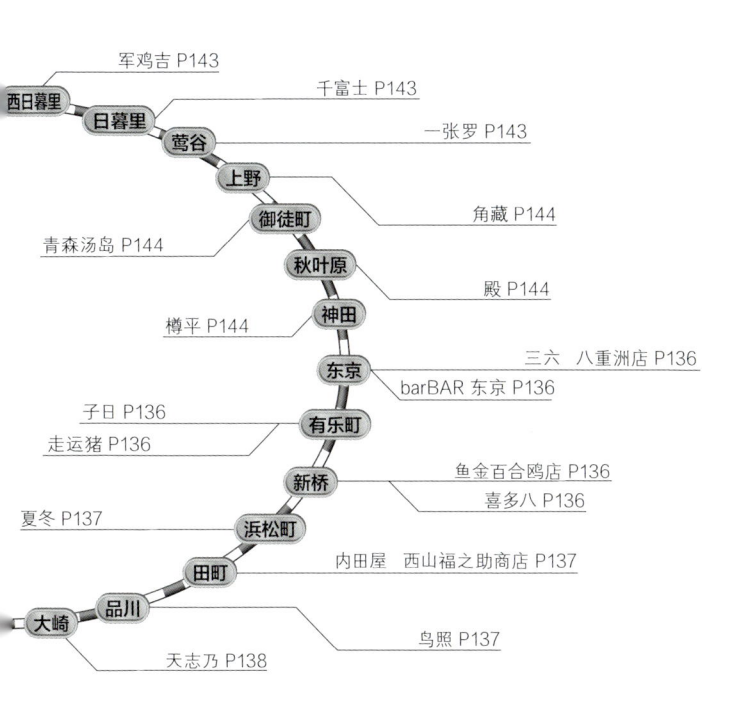

西日暮里 — 军鸡吉 P143
日暮里 — 千富士 P143
莺谷 — 一张罗 P143
上野
御徒町 — 角藏 P144
青森汤岛 P144 — 秋叶原
殿 P144
樽平 P144 — 神田
东京 — 三六 八重洲店 P136
barBAR 东京 P136
子日 P136 — 有乐町
走运猪 P136
新桥 — 鱼金百合鸥店 P136
喜多八 P136
夏冬 P137 — 浜松町
田町 — 内田屋 西山福之助商店 P137
大崎 — 品川
鸟照 P137
天志乃 P138

山手线环内和其他区域 篇

吞喜（东大前站）P149

万屋托福（四谷三丁目站）P149

阿山（四谷三丁目站）P149

酒徒庵（四谷三丁目站）P149

椎名（江户川桥站）P150

德兵卫（成增站）P150

阿武（高圆寺站）P150

135

东京

- サピアタワー
- 呉服橋
- 東西線
- 永代通り
- 日本橋駅
- 丸の内中央ビル
- ★ barBAR东京
- 丸の内トラストタワー 本館
- 東京中央郵便局
- グランドウキョウ ノースタワー
- 大丸
- 東京駅
- みずほ
- 八重洲中央口前
- 東京建物ビル
- 丸善
- 高島屋
- 銀座線
- 中央通り
- 八重洲通り
- ★ 三六 八重洲店
- ブリヂストン
- 外堀通り
- 0 200米
- 京橋駅

有乐町・银座・日比谷

- ビックカメラ
- ザ・ペニンシュラH
- 有楽町駅
- 有楽町電気ビル
- 晴海通り
- 日比谷駅
- 有楽町インドシア
- 有楽町マリオン
- ★ 走运猪
- ★ 子日
- 東京高速道路
- 銀座駅
- 丸ノ内線
- モザイク銀座阪急
- 泰明小・幼
- ソニービル
- 0 100米

新桥・汐留

- 0 100米
- 銀座線
- 外堀通り
- 新橋
- ニュー新橋ビル
- 新橋駅
- ★ 鱼金百合鸥店
- 港区立生涯学習センター
- 新橋駅前
- 新橋駅
- 日本テレビタワー
- 汐留駅
- ★ 喜多八
- 新橋5 15

浜松町・大门

0　200米

御成門駅 / 三田線 / 港区役所 / 夏冬 ★ / ゆりかもめ / 増上寺前 / 卍増上寺 / 芝大神宮 / 昭和電工 / 大門駅 / 大江戸線 / 大門 / 日比谷通り / メルパルクTOKYO / 世界貿易センタービル / 浅草線 / メルパルクホール / 浜松町駅 / 旧芝離宮恩賜庭園 / 芝公園駅

三田・田町

内田屋　西山福之助商店 ★

芝4 / 三田駅 / 15 / 第一京浜 / 三田線 / 東京モノレール / 芝5 / 浅草橋 / 田町駅

0　200米

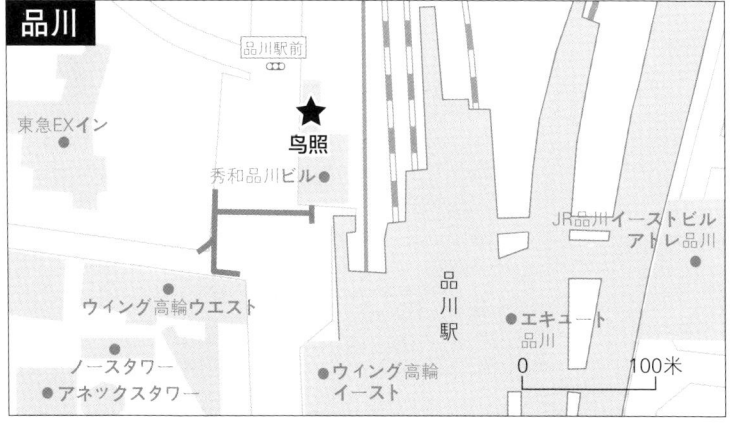

品川

品川駅前 / 鳥照 ★ / 東急EXイン / 秀和品川ビル / JR品川イーストビル / アトレ品川 / ウイング高輪ウエスト / 品川駅 / エキュート品川 / ノースタワー / アネックスタワー / ウイング高輪イースト

0　100米

大崎

- 立正高・中
- 居木神社
- ニューオータニイン東京
- 芳水小
- ゲートシティ大崎
- シンクパーク
- 大崎駅
- 居木橋
- ソニー
- 目黒川
- 山手線
- ★ 天志乃
- 三木小
- 横須賀線
- 0　　200米

五反田

- 東急ステイ五反田
- 山手線
- ★ 吉鸟
- 東奥ホテル
- ブラジル総領事館
- 五反田駅
- 浅草線
- 三井住友
- ホテルサンルート五反田
- レミイ五反田
- 目黒川
- 東急池上線
- 0　　200米

目黒

- 久米美術館
- 南北線
- 三田線
- パイオニア
- アトレ目黒1B館
- 目黒駅
- 目黒通り
- 銀角 ★
- 三菱東京UFJ
- 目黒ヒルトップウオー
- みずほ
- 目黒駅
- 0　　100米

恵比寿

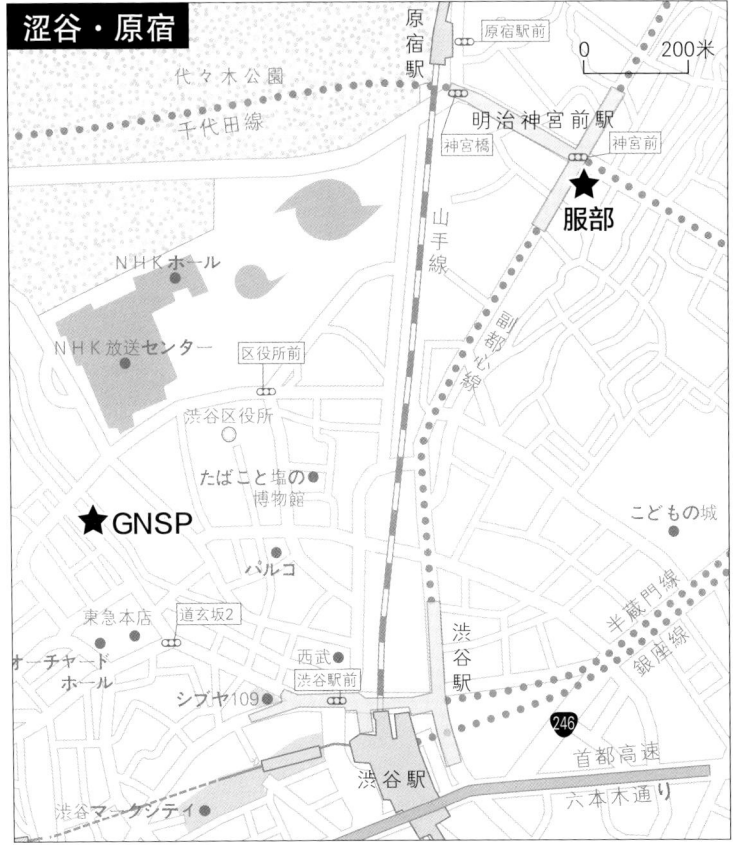

渋谷・原宿

代代木・新宿・新大久保・大久保

大久保駅
新大久保駅
大久保通り
東新宿駅
北新宿百人町
大江戸線
職安通り
明治通り
莫莫 ★
西武新宿駅
丸ノ内線
新宿大ガード西
鷹酒吧 ★
大江戸線
小田急百貨店
ルミネエスト
伊勢丹
新宿三丁目駅
京王百貨店
都庁前駅
新宿駅
新宿駅
高島屋タイムズスクエア
新宿御苑
京王新線
京王線
0　300米
代々木駅
志乃部 ★
明治神宮宝物殿
東海大学病院前
北参道駅

140

高田马场

- 下落合駅
- 神田川
- 戸塚第三小
- 西友
- 高田馬場駅前
- 山手線
- 東西線
- 戸塚児童館入口
- 早稲田通り
- 高田馬場通り
- 高田馬場駅
- 西武新宿線
- 駅前
- 高田馬場駅
- ★ 真菜板
- シチズンアイススケートリンク

0　300米

池袋

- 男体山 ★
- 池袋駅
- 池袋パルコ
- ヤマダ電機
- ★ 福路酒館
- 東武百貨店
- 池袋駅
- メトロポリタンプラザ
- 西武百貨店
- 山手線
- 池袋駅

0　100米

目白

- 池袋駅
- ★ 寿美礼
- 目白通り
- 山手線
- 目白駅
- ↓ 高田馬場駅

0　100米

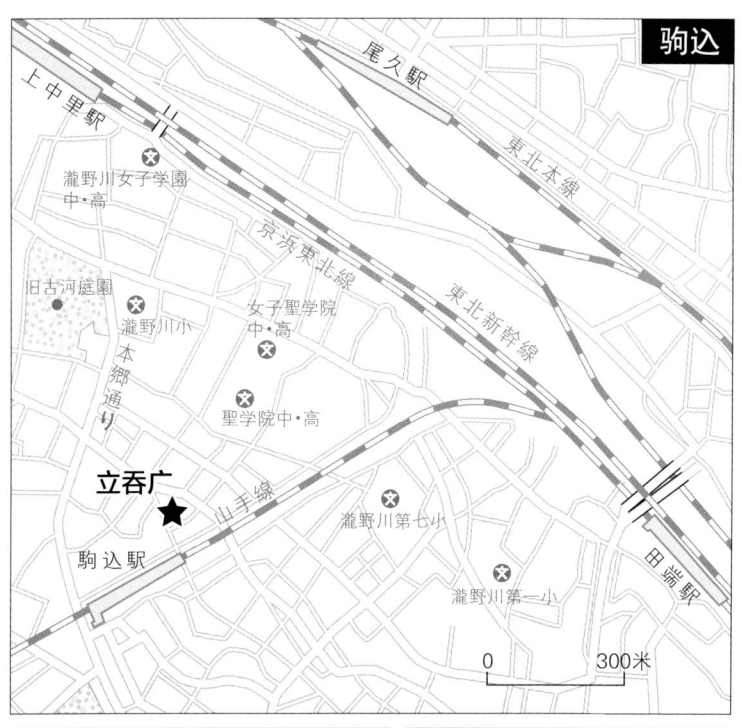

駒込

上中里駅 / 尾久駅 / 東北本線 / 瀧野川女子学園中・高 / 京浜東北線 / 旧古河庭園 / 瀧野川小 / 女子聖学院中・高 / 東北新幹線 / 本郷通り / 聖学院中・高 / ★ 立呑広 / 山手線 / 瀧野川第七小 / 駒込駅 / 田端駅 / 瀧野川第一小

0　300米

巣鴨

染井霊園 / 豊島市場前 / ★ 加瀬政 / 高岩寺（とげぬき地蔵）❶ / 巣鴨駅 / 十文字中・高 / 山手線 / 貨物線 / 三田線

0　200米

大塚

大塚駅 / 山手線 / ホテルベルクラシック東京 / 都電荒川線 / 天祖神社 / ★ 一口闷大 / 南大塚通り / 西巣鴨中 / 春日通り

0　100米

田端・西日暮里

- ★ 古龙屋
- 田端新町1
- 田端駅
- 東北本線
- 山手線
- 日暮里・舎人ライナー
- 新三河島駅
- 京成本線
- 千代田線
- 常磐線
- 西日暮里駅
- 西日暮里5
- 開成中
- 開成高
- 西日暮里駅
- 不忍通り
- ★ 军鸡吉

0　300米

日暮里・莺谷

- 駅前
- 日暮里駅
- 第二日暮里小
- 日暮里・舎人ライナー
- 東日暮里5
- ★ 千富士
- 竹台高
- 竹台高前
- 東日暮里4南
- 根岸小前
- 山手線
- 谷中霊園
- 寛永寺陸橋
- ★ 一张罗
- 寛永寺
- 鶯谷駅

0　300米

143

御徒町

- 春日通り
- 大江戸線
- 上野広小路駅
- 駅前
- ④
- 湯島駅
- ★ 青森汤岛
- 黒門小
- 上野1
- 松坂屋
- 御徒町駅
- 昭和通り
- 仲御徒町駅
- 湯島中坂下
- 銀座通り
- 中央通り
- 0 — 200米

秋叶原

- 日比谷線
- 昭和通り
- ④
- 和泉小
- ヨドバシカメラ
- ★ 殿
- 佐久間学校通り
- 清美通り
- 秋葉原駅
- 秋葉原駅
- 秋葉原
- 総武本線
- 0 — 200米

上野

- 上野の森美術館
- 上野駅
- 西郷隆盛像
- 上野駅
- 京成上野駅
- マルイシティ
- ★ 角藏
- 昭和通り
- ④
- アメ屋横丁
- 0 — 100米

神田

- 神田駅
- 神田駅北口
- 内神田3
- 北口
- セントラルホテル
- 神田駅
- ★ 樽平
- 銀座線
- 西口
- 南口
- 0 — 100米

曳舟・京成曳舟

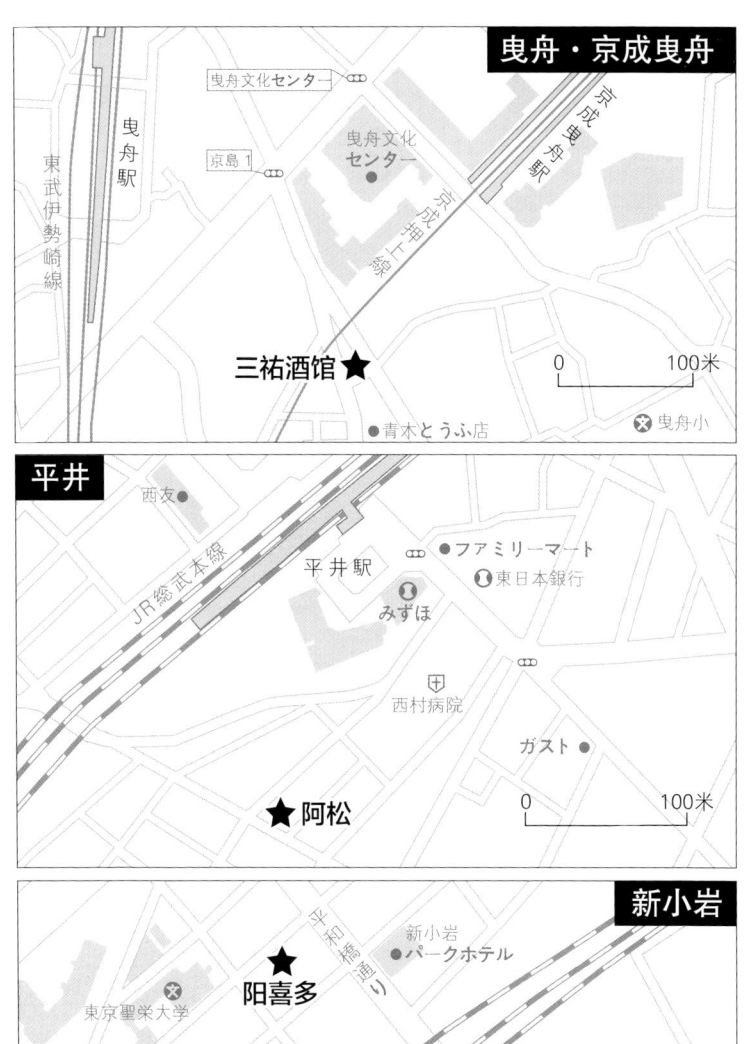

- 曳舟文化センター
- 京島1
- 曳舟駅
- 東武伊勢崎線
- 京成押上線
- 京成曳舟駅
- 曳舟文化センター
- 三祐酒館 ★
- 青木とうふ店
- 曳舟小
- 0 100米

平井

- 西友
- JR総武本線
- 平井駅
- ファミリーマート
- 東日本銀行
- みずほ
- 西村病院
- ガスト
- ★ 阿松
- 0 100米

新小岩

- 平和橋通り
- 新小岩パークホテル
- ★ 阳喜多
- 東京聖栄大学
- ローソン
- JR総武本線
- 新小岩駅
- 西友
- 三井住友
- 0 100米

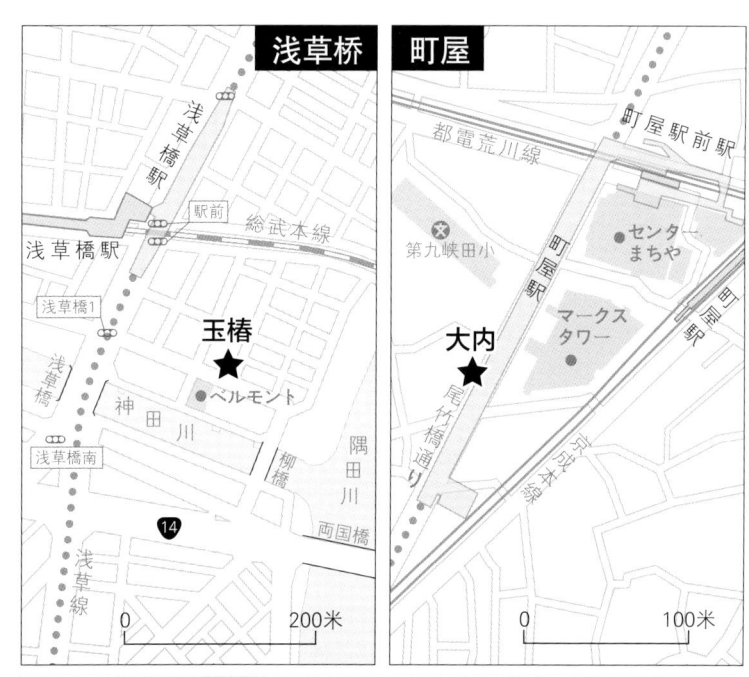

浅草桥

町屋

浅草・田原町

本所吾妻橋

押上

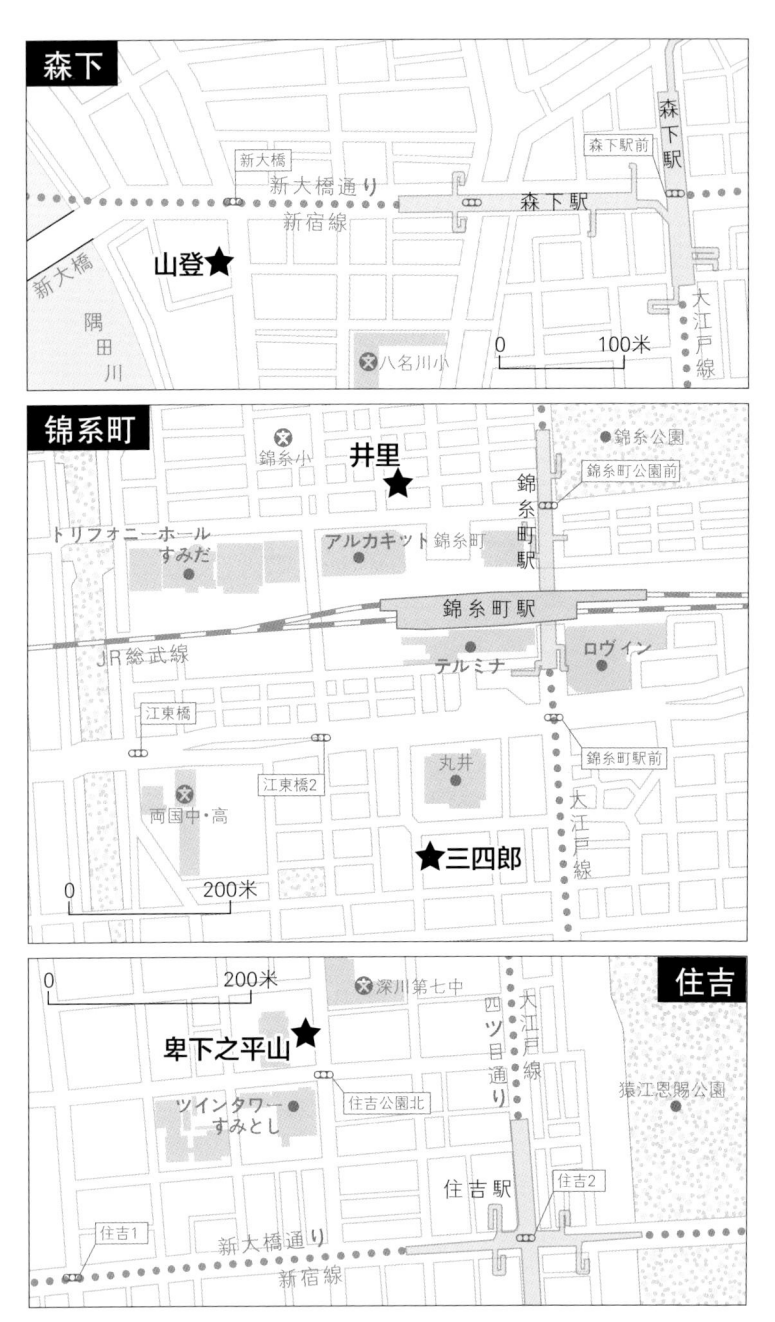

森下

- 山登 ★
- 新大橋通り / 新宿線
- 新大橋
- 森下駅
- 森下駅前
- 大江戸線
- 隅田川
- 八名川小
- 0　100米

錦系町

- 錦糸小
- 井里 ★
- トリフォニーホールすみだ
- アルカキット
- 錦糸町
- 錦糸町駅
- 錦糸公園
- 錦糸町公園前
- JR総武線
- テルミナ
- ロウイン
- 江東橋
- 江東橋2
- 丸井
- 錦糸町駅前
- 両国中・高
- ★ 三四郎
- 大江戸線
- 0　200米

住吉

- 0　200米
- 深川第七中
- 卑下之平山 ★
- ツインタワーすみとし
- 住吉公園北
- 四ツ目通り
- 大江戸線
- 猿江恩賜公園
- 住吉駅
- 住吉2
- 住吉1
- 新大橋通り
- 新宿線

东大前

- 文京学院大学短大
- 南北線
- 願行寺
- 本郷税務署前
- 東大前駅
- 本郷通り
- 向丘保
- 呑喜 ★
- ファミール本郷
- EASTHONGO
- 西教寺
- ⑰
- 白山通り
- 第六中
- 弥生講堂アネックス

0　　100米

四谷三丁目

- 新宿線
- 住吉町
- 合羽坂下
- 防衛省
- 曙橋駅
- 全勝寺
- 津の守坂通り
- 東京おもちゃ美術館
- 新宿歴史博物館
- 四谷消防博物館
- 消防署
- 阿山 ★
- 酒徒庵 ★
- 四谷3
- 万屋托福 ★
- 南北線
- 四谷三丁目駅
- 丸ノ内線
- 四谷2
- ⑳
- 四谷1
- 外苑東通り
- 四谷小
- 新宿通り
- 四谷駅
- 四ツ谷駅
- 四谷見附
- 西念寺

0　　200米

江戸川桥

首都高池袋線
目白通り
江戸川橋駅
神田川
有楽町線
石切橋
★椎名
0　　200米
水道町

成増

副都心線
東武東上線
川越街道
254
有楽町線
徳兵卫 ★
アリエス
ダイエー
アクトホール
西友
成増1
成増駅
成増駅
成増
0　　200米

高圓寺

正光寺
★阿武
0　　300米
環状七号線
サンクス
〒高円寺駅前局
りそな
杉並第四小
三菱東京UFJ
セブンイレブン
高円寺駅
中央線

索引

按五十音図排序

【あ】

あおもり湯島	70
味処 ひき多	96
あぶさん	132
居酒屋 大内	94
居酒屋 椎名	128
居酒屋 殿	72
居酒屋やまちゃん	124
一丁目一番地	98
井のなか	102
囲炉裏炉端 徳兵衛	130
いわし料理 すみれ	48
魚金ゆりかもめ店	18
内田屋 西山福之助商店	24

【か】

加瀬政	56
割烹 峰屋	90
木むら	100
ぐいのみ大	54
こたつ屋	60
小料理 志乃ぶ	40

【さ】

酒場 ふくろ	50
三四郎	108
サントリーラウンジ イーグル	42
三祐酒場	84
GNSP	36
しゃもきち	62
酒庵 酔香	106
酒徒庵	126
旬鮮酒菜 いっちょらい	66
志ん橋 喜多八	20
炭焼き よし鳥	30
千ふじ	64

【た】

立飲み カドクラ	68
立呑 ひろし	58
玉椿	88
樽平	74
TIO DANJO BAR	34
天志乃	28
鳥てる	26

【な】

浪花 串カツ専門 莫莫	44
呑喜	120

【は】

barBAR 東京	12
八丈島料理 はっとり	38
ホルモン焼 夏冬	22
ひげの平山	110

【ま】

松ちゃん	86
真菜板	46
目黒 手羽先 唐揚げ 銀角	32
もつ焼き 稲垣 押上店	104
もつやき 登運とん	16
もつ焼 男体山	52
もつ焼き 煮込み 三六 八重洲店	10

【や】

山登	92
有楽町ねのひ	14
萬屋おかげさん	122

按类别排序

【大众居酒屋、烤杂碎店等】

大内	94
椎名	128
殿	72
一丁目一番地	98
寿美礼	48
古龙屋	60
福路酒馆	50
三四郎	108
三祐酒馆	84
一张罗	66
樽平	74
莫莫	44
吞喜	120
夏冬	22
卑下之平山	110
阿松	86
稻垣　押上店	104
走运猪	16
三六　八重洲店	10
男体山	52

155

【日料店、精品居酒屋、小料理店等】

青森汤岛	70
阳喜多	96
阿武	132
阿山	124
井里	102
德兵卫	130
加濑政	56
木村	100
峰屋	90
一口闷大	54
志乃部	40
军鸡吉	62
醉香	106
酒徒庵	126
喜多八	20
千富士	64
玉椿	88
天志乃	28
服部	38
真菜板	46
山登	92

【立饮店】

殿	72
鱼金百合鸥店	18
内田屋　西山福之助商店	24
角藏	68
立吞广	58

【烤鸡肉店、烤翅尖店等】

子日	14
万屋托福	122
吉鸟	30
鸟照	26
银角	32

【酒吧、啤酒屋】

鹰酒吧	42
GNSP	36
TIO DANJO BAR	34
barBAR 东京	12

版权信息

The Best "IZAKAYA(Japanese Style Pub)" around the station in Tokyo
Copyright © 2011 Kuniroku, Atsushi Koseki, Shinro Hamada and Norihito Fujiwara and Tokyo Shoseki Co., Ltd.
All rights reserved.
Originally published in Japan in 2011 by Tokyo Shoseki Co., Ltd.
Chinese (in simplified characters only) translation rights arranged with Tokyo Shoseki Co., Ltd. through Toppan Leefung Printing (Shanghai) Co., Ltd.

图书在版编目（CIP）数据

东京站前居酒屋名店探访 ／（日）KUNIROKU 等著；黄晔译. — 北京：北京美术摄影出版社，2018.12
ISBN 978-7-5592-0149-2

Ⅰ.①东… Ⅱ.①K… ②黄… Ⅲ.①餐馆—介绍—东京 Ⅳ.① F733.136.93

中国版本图书馆CIP数据核字（2018）第147253号
北京市版权局著作权合同登记号：01-2017-1335

责任编辑：董维东
助理编辑：刘　莎
责任印制：彭军芳

东京站前居酒屋名店探访
DONGJING ZHANQIAN JUJIUWU MINGDIAN TANFANG

[日] KUNIROKU　小关敦之　浜田信郎　藤原法仁　著
　　　　　　　　　　　　　　　　　　　　　　黄晔　译

出　版	北京出版集团公司 北京美术摄影出版社
地　址	北京北三环中路6号
邮　编	100120
网　址	www.bph.com.cn
总发行	北京出版集团公司
发　行	京版北美（北京）文化艺术传媒有限公司
经　销	新华书店
印　刷	上海利丰雅高印刷有限公司
版印次	2018年12月第1版第1次印刷
开　本	787毫米×1092毫米 1/32
印　张	5
字　数	70千字
书　号	ISBN 978-7-5592-0149-2
审图号	GS（2017）2687号
定　价	79.00元

如有印装质量问题，由本社负责调换
质量监督电话　010-58572393